K. T. KHAIRALLAH

Le Problème du Levant

Les

Régions Arabes

Libérées

Syrie -- Irak — Liban

Lettre ouverte à la Société des Nations

PARIS

EDITIONS ERNEST LEROUX

28, Rue Bonaparte, 28

1919

LES

RÉGIONS ARABES

LIBÉRÉES

K. T. KHAIRALLAH

Le Problème du Levant

Les

Régions Arabes

Libérées

Syrie — Irak — Liban

Lettre ouverte à la Société des Nations

PARIS
EDITIONS ERNEST LEROUX
28, Rue Bonaparte, 28

1919

LETTRE OUVERTE

à la SOCIÉTÉ DES NATIONS

Au Très Honorable
Sir James-Eric DRUMOND, K. C. M. G. C. B.,
Premier Secrétaire Général de la Société des Nations.

Très Honorable *Sir*,

Je me permets de vous communiquer quelques documents et considérations au sujet des régions arabes libérées de l'empire ottoman.

Entre le massif iranien et la Méditerranée, le Taurus et l'Arabie, les déserts du Sinaï et le golfe Persique, il existe un groupement humain qui n'est peut-être pas homogène quant à ses origines lointaines, mais qui est actuellement un par la langue et par les traditions, par les souvenirs du passé, les épreuves du présent et les aspirations de l'avenir.

Le statut futur de ces régions constitue un problème, dont voici les données :

D'un côté, des idées, des faits et gestes qui affectent

profondément l'âme de cette collectivité humaine et constituent la base de ses directives;

De l'autre, des intérêts étrangers qui, par leur adjonction dénaturent la question et étendent sur elle, par leur complexité, comme un voile de ténèbres.

Les gouvernements du monde civilisé et l'opinion publique sont renseignés sur ce qui touche ces intérêts étrangers. Mais l'évolution de l'Irak, de la Syrie et du Liban reste peu connue.

Elle est, Très Honorable *Sir*, par elle-même et à plus d'un titre, digne de votre attention et de l'attention publique.

Le martyre subi par les populations des régions arabes est peut-être un des plus douloureux épisodes de la guerre 1914: torture physique et morale, prescriptions, exécutions en masse, prison, famine, épidémies, rien n'a manqué. Pour citer un cas concret, le Liban a perdu par la famine la moitié de sa population ; Médine qui comptait soixante mille habitants n'en a plus que quelques milliers ; Beyrouth et Damas ont vu le même jour 21 grandes personnalités du monde arabe pendues au même gibet.

C'est que l'élément arabe de l'empire ottoman s'était spontanément rangé du côté des Alliés. Toutes les armées alliées ont compté dans leurs rangs des volontaires syriens, libanais ou irakiens. Rien que l'armée américaine en avait quinze mille dans ses rangs, sur le front français.

D'un autre côté, l'armée arabe qui a si brillamment combattu, sous le haut commandement du maréchal Allenby, en Palestine et en Syrie, était composée de volontaires venus de tous les coins des régions arabes.

Mais il est une considération plus haute que toutes les autres. Cette terre dont le sort est actuellement en jeu, est une terre vénérable entre toutes, puisqu'elle a été le berceau de l'humanité, et l'humanité civilisée ne saurait, sans ingratitude, ne pas respecter ses origines. C'est là, en effet, qu'elle a pris conscience d'elle-même. C'est là que sont nées les grandes idées philosophiques et religieuses qui constituent actuellement le patrimoine universel et qui se trouvent si bien symbolisées par cet arbre de vie, à l'ombre duquel s'éveillèrent le premier homme et la mère universelle. Cette traînée lumineuse qui éclaire l'âme et la conscience de l'humanité est un reflet de ce ciel et de ces bleus horizons.

Il est vrai que depuis lors, les ténèbres se sont épaissies sur ces mémorables régions : Babylone, Ninive et Palmyre, sont des ruines ; Byblos, Tyr et Sidon, des bourgades ; Damas et Bagdad, un pâle reflet de ce que furent les cités des kalifes. Mais, du milieu de ces ruines, du sein de cette décrépitude, monte une âme nouvelle et cette âme angoissée vient demander au monde civilisé son droit à la vie.

L'ère moderne a vu de grandes résurrections : Athènes a reconquis sa place au soleil de la liberté ; Rome a revu es solennités du Capitole.

Pourquoi donc Tyr et Byblos, Damas et Bagdad, resteraient-elles esclaves ?

Les héritiers directs de ces civilisations sont là. Ils sont conscients de la noblesse et de la grandeur de l'héritage que les siècles leur ont légué et ils sollicitent du monde civilisé l'honneur redoutable et la lourde tâche de faire revivre sur cette antique terre, témoin des gloires de leurs ancêtres, une vie et une civilisation nouvelles.

Paris, le 24 novembre 1919.

K. T. KHAIRALLAH.

PREMIÈRE PARTIE

L'AME ARABE

Les populations du territoire qui s'étend de la Perse à la Méditerranée et du Taurus à l'Océan Indien, appartiennent, presque toutes, à la race Sémite. Des langues successivement parlées dans ces régions, les unes ont disparu, telles que le Phénicien; les autres sont mortes, telles que l'Hébreu et le Syriaque, uniquement employés dans les cérémonies du culte. Seule, la langue arabe reste vivante et seule elle reflète l'âme sémite, dans sa pensée, ses rêves et ses émotions.

Cette langue n'est plus la propriété de tel groupe religieux ou de telle région, c'est un patrimoine commun où chacun peut revendiquer une part égale.

Les branches de l'arbre sémite sont trop enchevêtrées pour qu'il soit possible de les démêler. Puis, à quoi bon !... Sans rien sacrifier ou renier de leurs traditions respectives, tous les descendants de la race sémite ont mis tout ensemble leurs gloires, leurs forces et leurs souvenirs, pour constituer un patrimoine commun, autour de cette langue que tous, ils ont balbutiée sur les genoux maternels.

Cette concentration de forces éparses n'est pas l'œuvre consciente d'un individu ou d'un groupe déterminé ; c'est une poussée aveugle et mystérieuse, c'est l'effort ininterrompu de plusieurs générations et de plusieurs siècles, c'est le fait d'une âme commune que nous pouvons caractériser par la propre expression qu'elle-même s'est donnée : l'âme Arabe.

Cette âme supérieure et complexe, dans son travail laborieux pour se donner une forme concrète, nous allons en constater les manifestations et les développements dans les pages qui vont suivre.

LA RENAISSANCE

La renaissance littéraire a précédé l'évolution poli-
tique et c'est elle qui a donné à toutes les populations
de langue arabe, la conscience nette de leur individua-
lité, et leur âme commune.

Une élite intellectuelle a tiré l'idée arabe de la pous-
sière des siècles; ses écrits, ses discours lui ont donné la
consistance d'une réalité et cette idée est sortie grande
et lumineuse de ces nuits de veille et d'obscur labeur.

I

LES PREMIERS FACTEURS

Pendant que se consommait la ruine des 300 écoles
d'Alep, que vit fleurir le règne de Saladin, la renaissance littéraire arabe commençait au Liban. Elle
s'est étendue de là en Syrie, en Egypte, en Mésopotamie, au Hedjaz et ailleurs. Les facteurs en
furent d'abord l'école, puis l'imprimerie, la presse et
enfin les associations.

Les premières écoles qui répandirent l'instruction
parmi les Libanais, furent celles qui se fondèrent à
Rome en 1584, et à Ravenne en 1639. Ces écoles
formèrent des savants illustres qui répandirent en
Occident la connaissance des langues et des choses
orientales. On peut lire encore sur les murs du Collège
de France, à Paris, les noms de deux d'entre-eux :
G. Sionite (Sahyouni) et A. Echellensis (Haklani),
tous deux professeurs d'arabe et de syriaque, tandis
que le grand nom d'Assémani figure dans les annales
de la Ville Eternelle.

La première école fondée au Liban est de 1632, à
Haouka. La deuxième est fondée à Alep, en 1662.
Cette impulsion lointaine alla sans cesse en croissant
pour trouver son plein épanouissement au XIX° siècle.

L'imprimerie moderne est créée vers 1540.
Le 12 septembre 1514 se fit la première publication
arabe à Fano, en Italie, grâce à un savant libanais. La
deuxième publication se fit également dans cette même
ville, en 1516, ou moment même où le sultan Sélim I°ᵉ
faisait son entrée en Syrie. D'autres publications eurent
encore lieu en Italie, toujours grâce aux travaux des
savants libanais, tels que les géographies d'*Idrici* et de
Salhi (1584), le *Canon d'Avicenne* (Ibn Sina), le *Chifa*
et son résumé *Al-Nadjât*.
Leyde publie de l'Arabe en 1595; Paris, en 1613;
Londres, en 1650; Leipzig, en 1755.
Le premier ouvrage arabe imprimé en Syrie est
de 1706.
L'imprimerie, comme l'école, atteint en Syrie un
grand développement dans la deuxième moitié du
XIX° siècle.

La presse arabe fit sa première apparition en Égypte
en 1828, avec les *Wakayé*, journal officiel, rédigé tou-
tefois par un libanais : Farès Chidiac. Ce n'est qu'en
1857 que paraît le premier journal arabe à Beyrouth :
Hadikat-Al-Akhbâr, publié par Khalil Khouri. C'était
un simple organe d'information. La presse politique
est inaugurée par Boustros Bostani, dans son *Nafir
Souria* (clairon de Syrie), en 1860. En 1870, il fonde la
première revue arabe : *Al-Djenâne*.

Longtemps le mouvement intellectuel était resté
confiné dans des milieux restreints, mais, lorsqu'il put
disposer de ces deux leviers puissants, la presse et
l'imprimerie, il se répand comme un torrent en Syrie,
en Égypte, en Mésopotamie et jusque dans les deux

Amériques, où plus de soixante organes en langue arabe ont été fondés.

La culture est déjà florissante, l'école organisée, l'imprimerie en pleine voie, la presse dans toute sa vigueur, quand la culture étrangère est introduite en Syrie et au Liban.

L'école d'Aïn Ouarka qui eut une grande influence sur la culture au Liban est de 1789, alors que le collège d'Antoura commence en 1834, les Jésuites de Gazir en 1844, et les Américains d'Abeih en 1846, le collège Daoudié en 1862.

A Beyrouth, le collège national de Boustros Bostani est de 1860; le collège Patriarcal est de 1866; le collège de la Sagesse est de 1875, alors que le collège Américain est de 1868, l'Université des Jésuites de 1875.

Ce fut, en outre, dans les écoles nationales que se formèrent les hommes les plus remarquables que l'Orient ait connus, dans le monde littéraire, politique et administratif.

Les malheureux incidents de la guerre civile au Liban qui troublèrent également le repos de la Syrie, de 1840 à 1860, arrêtèrent un moment l'essor de la nouvelle idée, mais bientôt l'atmosphère devint sereine, et l'accalmie qui suivit au Liban le règlement politique de 1861 permit à la vie intellectuelle et littéraire de reprendre et avec elle, la vie nationale.

Les populations arabes semblèrent alors sortir d'un profond sommeil. Jamais elles n'avaient aussi douloureusement senti leur déchéance morale et politique et la tyrannie du maître étranger. L'antagonisme entre Turcs et Arabes naquit, et l'on eut pu voir alors se dresser déjà sous le soleil flamboyant de l'Orient, le spectre de la révolte future. Cette révolte, son premier cri et le plus éclatant, fut l'ode d'Ibrahim Al-Yazédji : *Arabes, réveillez-vous*. Ce fut longtemps comme la Marseillaise du Liban; et toute la jeunesse arabe apprit et récita ces vers retentissants. On dit même que le célèbre Midhat Pacha, alors gouverneur de Syrie (1878-1880), aurait été gagné par l'enthousiasme général; et pendant cette période psychologique où la révolte commençait déjà à gronder dans son âme, il aurait caressé un moment le rêve d'une aventure arabe.

Quoi qu'il en soit, le célèbre réformateur turc s'en alla comme il était venu; le régime hamidien étendit partout sa sanglante terreur, le vide se fit et les intellectuels de la Syrie et du Liban s'en allèrent dans cette hospitalière vallée du Nil, emportant dans leurs petits cahiers et dans leur âme la grande idée de la renaissance arabe. Le mouvement, écrasé en Syrie, se déplaça et reparut ailleurs : en journaux et en livres, au Caire ; en insurrections, dans la presqu'île arabique.

II

LA SYRIE ET L'ARABIE

La Syrie est toujours apparue, comme un rêve, dans l'imagination des Arabes. C'est vers ses oasis appelés Damas, Homs, Hama, Alep, que de tout temps, les caravanes de Médine et des Coraïchites de La Mecque se sont dirigées. C'est là que Mahomet chevauchant à la tête de la caravane de Khadidja aurait eu la première idée de sa mission prophétique et c'est en préparant une dernière expédition pour la conquérir qu'il s'était laissé surprendre par la mort. Abou-Bakr s'éteignit les yeux fixés sur l'horizon lointain de Damas, le grand Omar en vit la soumission et Mouawiah y installa le premier empire arabe.

Lorsque, par une dernière convulsion, les Waha-bites essayèrent, au début du XIXᵉ siècle, de reconstituer l'unité de la famille arabe, c'est encore vers la Syrie qu'ils dirigèrent leur marche. Méhémet-Ali, qui les abattit, ramassa dans leur butin l'idée arabe et s'en vint pour la fixer en Syrie, et quand cette dernière lui échappa, son rêve s'évanouit.

C'est la même logique, c'est la même impulsion qui vient encore de tourner vers la Syrie les volontaires accourus des quatre coins du monde pour affranchir définitivement la grande famille arabe, qui ne connaîtra jamais la véritable indépendance, ni le repos, tant que cette terre ne sera pas libre.

•

Les Arabes de la presqu'île avaient gardé à travers les siècles, leur indépendance intérieure, grâce à leur état social et à leur position géographique. Ce ne fut qu'avec beaucoup de difficultés que les Turcs avaient pu s'introduire sur quelques parties de leur territoire, vers la fin du XIXᵉ siècle.

En 1904, Ibn Séoud, le premier, donne le signal de la révolte et s'empare de l'Arabie centrale.

Le Yémen se soulève sous le commandement de l'iman Yahya, en 1905.

En 1912, c'est le tour du Sayed Al-Idrici, dans l'Assir.

En 1916, c'est le chérif Hussaïn qui proclame l'indépendance du Hedjaz et de tous les pays arabes.

Ces faits récents, sauf le dernier, n'avaient qu'une portée limitée, ayant un but local. L'idée de l'*unité arabe* y est vaguement envisagée. Après s'être attardée dans le domaine de la littérature, cette idée entra dans celui des faits avec la révolution turque de 1908 et la guerre de 1914.

III

LES PRÉCURSEURS

Parmi les littérateurs syriens réfugiés en Égypte, sous Abdul-Hamid, se trouvait un beau talent originaire d'Alep, Al-Kaouakebi. Il fut l'un des plus grands écrivains de la fin du XIX° siècle et sa grande stature domine le monde arabe et l'islam, dont il fut le penseur le plus hardi. En 1316 (1906), il publiait au Caire son ouvrage, *Om-al-Cora*, suivi, bientôt après, en 1318, de ses *Caractères de la tyrannie*.

A la fin de ce dernier volume, Al-Kaouakebi adresse au peuple arabe ces apostrophes véhémentes :

Suis-je, dit-il, devant des vivants qu'on salue ou devant des morts pour qui l'on implore miséricorde ? Malheureux, vous n'avez ni le repos des morts ni la force des vivants. Jusques à quand vous complairiez-vous dans votre léthargie? Réveillez-vous, avant que la main de la Destinée ne s'appesantisse sur vous !...

Dieu vous pardonne ! Il vous a créés libres comme la lumière et la brise... Qu'avez-vous fait de votre liberté?... Vos pères ne

s'inclinaient que devant Dieu... et ils dorment maintenant droits
dans leur cercueil, fiers jusque dans la mort, cependant que
vous, dans la vie, vous êtes comme pliés en deux, tellement
vous vous êtes prosternés...

Arabes musulmans, la tyrannie est la plus grande des ini-
quités. Renversez-la si vous êtes croyants... Arabes non musulmans, oubliez les vieilles inimitiés. Vous êtes les premiers
et les plus éclairés, vous devez trouver le moyen de faire
l'*union*. Voyez l'Autriche-Hongrie, les Etats-Unis d'Amérique,
leur évolution a rendu possible *la solidarité nationale abstraction faite de la religion*. Pourquoi ne pas suivre cette direction
et dire à ces étrangers qui ne parlent point notre langue:
laissez-nous gérer nos propres affaires!

Unissons-nous en disant : Vive la Nation! Vive la Patrie!
Vivons libres et fiers!

On voit déjà, dans ces lignes, le premier dessin de
l'idée de la *Décentralisation* qui devait reparaître plus
tard au Caire parmi les disciples du maître disparu,
dans ce petit cercle d'intimes, tels que Rafik Al-Azm,
Rachid Rida, Zahraoui et d'autres, qui se groupaient
autour de Kaouakebi et de Mohammed Abdou. Ce sont
là les origines lointaines du Parti de la Décentralisation. C'est aussi la première inspiration directe de la
Confédération arabe et l'on est frappé de voir jusqu'à
quel point les manifestes révolutionnaires arabes sont
directement influencés, dans leur fond et dans leur
forme, par les idées de l'auteur d'Om-ol-Cora et par sa
généreuse indignation.

Al-Kaouakebi réalisa la création d'un comité secret,
dont il avait esquissé le dessin dans Om-ol-Cora, et
l'on peut dire que cette association fut comme l'*Alma
Parens* de toutes celles qui se sont constituées pour servir la cause Arabe.

.*.

A Paris, en 1905, se fondait un comité, la *Ligue de la Patrie Arabe*, qui travailla activement à l'idée de l'unité Arabe dans la presse et dans les comités privés. Un libanais, M. Negib Azoury, écrivit à ce propos un ouvrage : *Le Réveil de la Nation Arabe dans l'Asie Turque*, qui fut publié à la librairie Plon et en annonça un autre, *la Patrie Arabe*, qui ne vit jamais le jour. La devise de M. Azouri ainsi que de la Ligue est : les Pays arabes aux Arabes !

Voici, pris dans l'ouvrage de M. Azouri, un extrait du manifeste publié par la *Ligue de la Patrie* Arabe et adressé aux puissances :

Un grand changement pacifique, y est-il dit, est à la veille de se produire en Turquie. Les Arabes, que les Turcs ne tyrannisent qu'en les maintenant divisés par des questions insignifiantes de rite et de religion, ont pris conscience de leur homogénéité nationale, historique et ethnographique, et veulent se détacher de l'arbre vermoulu d'Othman pour se constituer en État indépendant.

Ce nouvel empire arabe s'étendra dans les limites de ses frontières naturelles, depuis la vallée du Tigre et de l'Euphrate jusqu'à l'isthme de Suez, et depuis la Méditerranée jusqu'à la mer d'Oman. Il sera gouverné par la monarchie constitutionnelle et libérale d'un Sultan arabe.

Le vilayet actuel du Hedjaz formera, avec le territoire de Médine, un empire indépendant et dont le souverain sera en même temps le Calife religieux de tous les Musulmans. Ainsi, une grande difficulté, la séparation du pouvoir civil du pouvoir religieux dans l'Islam, aura été résolue pour le plus grand bien de tous.

Nous respecterons tous les intérêts des étrangers actuellement engagés dans notre pays et toutes les concessions qui leur ont été accordées jusqu'à ce jour par les Turcs. Nous respecterons également l'autonomie du Liban, le « statu quo » dans les sanctuaires chrétiens de la Palestine et dans les principautés indépendantes du Yémen et du golfe Persique.

Nul homme honnête et loyal ne peut être hostile à ce mouvement bienfaisant qui ouvrira un immense débouché au commerce international et assurera d'innombrables placements avantageux et sûrs aux capitaux européens.

C'est la première fois que l'idée séparatiste se trouve nettement et publiquement formulée. Elle sera désormais le but secret de tous les comités arabes, pour reparaître au grand jour quand Djemal Pacha introduisit le procès des immortels conspirateurs de Syrie et en fit les premiers martyrs conscients de l'Idée ara...

LE CONTRE-COUP

DE LA RÉVOLUTION TURQUE

La révolution turque de juillet 1908 eut un moment de réel enthousiasme. Une immense espérance, jointe à la joie de la délivrance, avait traversé l'âme des opprimés séculaires de l'Orient et les cadres de la nationalité, longtemps disloqués, se reconstituèrent, et une ère nouvelle de fraternité et de liberté sembla s'ouvrir.

Puis, le mirage s'étant évanoui, les nationalités furent saisies de se retrouver face à face, la haine dans les cœurs et le défi sur les lèvres.

I

DÉPUTÉS TURCS ET ARABES

Le Chérif Hussaïn

La proclamation de la constitution en Turquie fit refluer vers la capitale toute la vie politique de l'empire. L'ouverture du Parlement amena à Constantinople soixante-cinq députés représentant la Syrie, la Mésopotamie, le Yémen et le Hedjaz. Les Turcs, longtemps les maîtres, concevaient vaguement les suites de l'égalité des droits qu'on venait de proclamer, égalité qui ne tendait à rien moins qu'à leur enlever le sceptre qu'ils détenaient depuis bientôt quatre siècles.

Lorsque, pour la première fois, le jeune député de Damas, Chekri Al-Asly, aborda à la Chambre cette question et revendiqua pour l'élément arabe la part qui lui revenait dans la gestion des affaires publiques, ce fut un affolement général dans les rangs du Comité *Union et Progrès*, qui avait pris une part prépondérante dans la révolution et qui entendait exercer une dictature suprême, sur le Parlement comme sur le Gouvernement. Et l'affolement fit place à la fureur et la

collision ne tarda pas à se produire, caractérisé par le
soufflet que cet autre député de Damas, Chafic bey Al-
Moayad, infligea à Talaat bey, leader du Comité, dans
les escaliers même de la Chambre. Il est vrai que les
Unionistes eurent leur revanche, revanche atroce, puisqu'ils purent faire pendre Asly et Moayad, à Damas
même, durant la guerre ; mais, à part la misérable satisfaction de vengeance personnelle, c'est l'initiative
prise par les représentants arabes qui triomphe, puisqu'elle aboutit à la libération définitive, et leur âme,
loin d'avoir été humiliée ou anéantie, revit, immorta-
lisée, dans leur œuvre.

Le premier effet de cet état de choses fut de développer la solidarité entre les représentants arabes, qui
en vinrent finalement à envisager la possibilité de se
reconstituer en dehors des cadres turcs.

Talib bey An-Nakib, député de Bassora, adressa,
à ce propos, une lettre au Chérif Hussain, émir de La
Mecque, (actuellement le roi du Hedjaz) en date du
12 safar 1329 de l'Hedjire (1911) :

Les ennemis de notre langue et de notre nation m'ont déclaré, notamment Khalil bey, que nous, Arabes, si nous n'agis-
sions pas suivant leurs volontés, et leurs injonctions, *ils nous
pendraient aux bois des échafauds comme des moutons à l'abat-
toir.* L'écho de ces menaces est parvenu aux représentants du
peuple arabe qui se sont indignés, qui ont protesté avec tant
de violence que la séance de la Chambre fut suspendue ce
jour-là. Votre noble fils, le Chérif Abdallah vous dira de vive
voix toute la brutalité de ces viles créatures...

Tous les députés arabes, Monseigneur, vous soutiennent avec
toute la force de leur parole et de leur cœur et vous sont très
reconnaissants pour les services que vous avez rendus au Hedjaz depuis que vous en êtes le chef. Nous reconnaissons votre
zèle pour notre foi et notre peuple. *Nous sommes prêts à nous
soulever avec vous, si vous vouliez secouer le joug qui pèse
sur les Arabes* et les délivrer de la tyrannie et de l'esclavage.

Je vous envoie ci-joint une déclaration signée de tous nos
députés assez courageux pour défendre leur nation, qui vous

reconnaissent pour le Khalife du prophète, le seul responsable des intérêts de tous les pays arabes. Cette déclaration trahit une résolution suprême. Advienne que pourra. Salut. »

Voici le texte de cette déclaration, portant trente-cinq signatures :

Nous, députés arabes au Parlement, confions à Hussaïn pacha le gouvernement de La Mecque, et nous lui reconnaissons à lui seul la suprématie religieuse sur tous les pays Arabes, en notre propre nom et au nom des pays que nous représentons. Nous sommes prêts, s'il y a lieu à rendre la présente déclaration publique....

II

LES COMITÉS

La révolution provoqua une éclosion extraordinaire de comités, Grecs, Arméniens, Kurdes, Lazes, toutes les nationalités tenant à avoir leur association. Les Arabes se réunirent à leur tour, dans une maison à Prinkipio, puis au théâtre des Variétés, à Constantinople, et fondèrent un comité : *Al Ikhd Al-Arabi*, la fraternité arabe, qui eut bientôt son organe : *Al Ikhd Al-Osmani*, dirigé par Chafic bey Al-Mouayad.

Comité et organes disparurent à la suite de la contre-révolution du 31 mars 1909.

Le club littéraire *Al-Muntada-l-Adabi* les remplaça. Fondé en 1909, il fut dissout en 1915, après avoir vu son président, Abdel-Karim Al-Khaiil, expirer dans le supplice à Beyrouth.

Le Comité Al-Kahtaniat fut fondé également vers la même époque (1909).

Al-Ahd

La situation en était là, de la rivalité turco-arabe, quand un Comité nouveau se constitua, qui allait exercer une action décisive sur les destinées arabes, en précipitant les événements et en leur imprimant une direction nouvelle et effective. Des officiers qui faisaient partie de la Kahtaniat, s'en séparèrent et fondèrent sous l'impulsion d'Aziz-Ali, de Salim-Djézaéri l'association secrète *Al-Ahd*. Sous le nom du Comité Révolutionnaire Arabe, *Al-Ahd* adressa au peuple arabe des proclamations arabes qui ont figuré parmi les documents officiels publiés par le gouvernement turc. Voici la première : (1)

Nous sommes à la veille de la grande révolte, fils de Kahtan (2), réveillez-vous !

Ceux qui sommeillent meurent ! et les morts passent sans laisser de traces.

Quand vous rendrez-vous compte que notre pays se vend aux étrangers? Vos régions passent à l'Allemagne et à la France...

Vous n'êtes que des esclaves aveugles, soumis à des maîtres sans pitié... Vous êtes un troupeau qu'on tond, qu'on trait et qu'on envoie à la boucherie. Votre pays est une ferme reçue en héritage et ses habitants des cerfs attachés à leur glèbe.

Les Arméniens, bien moins nombreux que vous, ont eu leur autonomie, tandis que vous êtes les esclaves de la dynastie des Houlagou et des Djenkiz, qui ont fait disparaître l'empire de Bagdad, des fils de Timour Lenk qui dressa dans la campagne d'Alep, une tour de quatre-vingt mille crânes arabes.

Pour la défense de l'empire de Byzance, on sacrifie l'honneur de vos femmes, la vie de vos enfants, la richesse de vos maisons. Pour les voluptés des Byzantins, votre sang coule au Yémen, au Kérak, au Haouran. Et sur l'ordre des Turcs, vous tuez vos propres frères !...

Qu'est-ce qu'une vie sans liberté et quelle garantie vous donne le drapeau ottoman?... Aux armes ! Arabes !... Fils de Khatan, tirez l'épée et balayez, de notre sol sacré, ceux qui vous exploitent, vous méprisent et détestent votre race et votre langue ! Dieu a dit ; les tyrans sont des infidèles !

Arabes musulmans, cet état despotique n'est pas musulman.

(1) La vérité sur la question syrienne, publiée par le commandant de la IVᵉ armée. Imprimerie Tanin. — Constantinople.
(2) L'ancêtre des Arabes avant l'Islam.

Arabes chrétiens et israélites, unissez-vous à vos frères musulmans. Ceux qui vous disent qu'ils préfèrent ces Turcs sans foi à vous sont des imposteurs ennemis de notre race.

Arabes, un groupe de Fédaïs a juré de tuer ceux qui tuent les Arabes... Des réformes sur la base de la décentralisation, nous n'en voulons plus. Notre réforme désormais, c'est de faire renaître notre gloire passée, notre programme : *Un État Arabe Indépendant de tout et de tous.*

Voici encore des extraits d'un autre manifeste du *Comité Révolutionnaire :* (1).

... Jetez un regard sur votre histoire ; vous verrez que pas un jour notre race n'a été à l'abri de l'oppression turque, d'une oppression telle qu'aucun peuple n'en a jamais subi de pareille.

Quelqu'un de vous a-t-il évoqué le souvenir du royaume andalous? Se rappelle-t-il que quand le dernier roi maure demanda secours à l'Empereur des Turcs contre l'invasion, celui-ci lui refusa son concours?

Quand on se souvient de ces faits, quand on sait que le royaume musulman d'Espagne a disparu parce que les Turcs lui ont refusé leur appui; qu'avec la puissance maure d'Espagne est morte la civilisation arabe ; que les œuvres de notre génie, nos bibliothèques, nos livres de science et de littérature ont été jetés dans le Tigre et l'Euphrate par les Turcs, que la Tunisie et l'Algérie ont été livrées à la France après le sacrifice inutile de centaines de milliers d'Arabes, comment ne pas frémir d'indignation et de révolte? Comment serrer désormais la main d'un Turc, de ces Jeunes Turcs de Salonique qui, morceau par morceau, ont vendu aux enchères la terre arabe? Quel est l'Arabe qui, sachant que ce sont ces Turcs qui sont cause de tous ces malheurs, ne serait « dégoûté » de lui-même et de sa propre race s'il ne retournait son sabre contre ces destructeurs barbares!

Talat et son associé ont envoyé les soldats arabes en Irak et au Yémen contre leurs frères de sang pour les faire tuer les uns par les autres?

Avec les impôts que l'on extorque de nos pays, on envoie

(1) *La vérité sur la question syrienne,* p. 132.

des Turcs, des Arméniens et des Juifs pour parfaire leurs études en Europe, alors que nos enfants sont privés de toute instruction.

Les Turcs cherchent par tous les moyens à faire oublier nos coutumes nationales et à étouffer notre civilisation.

Quels rapports avez-vous avec les Turcs? En quoi avez-vous profité de l'Empire ottoman? Croyez-vous que ces Turcs destructeurs soient au moins des croyants? Pouvez-vous considérer et respecter comme tels des gens qui renversent vos temples, vendent vos pays et mettent en gage le Vilayet du Hedjaz pour donner notre argent aux filles turques.

Ce que vous avez à faire c'est de ne pas payer l'impôt et d'acheter des armes jusqu'à ce que le pays soit nettoyé de ces destructeurs.

L'histoire nous apprend qu'aucun peuple n'a pu conquérir jusqu'ici son indépendance sans verser du sang.

Voici encore un des extraits d'un troisième manifeste, d'une date plus récente, qui a également figuré dans le dossier du procès d'Aley, et qui est adressé au peuple arabe : (1)

Reçois le salut de ceux qui vivent entre l'ombre de la fatalité, les clartés de l'âme et la verdeur de l'Espérance !....

Les Gouvernements européens ont voué, tôt ou tard, la Turquie à la Servitude.

La Turquie a déjà perdu son indépendance dans les tribunaux : la juridiction ottomane ne s'étend qu'aux Ottomans.

Elle a perdu son indépendance économique : elle ne peut lever des impôts, ni créer de nouveaux revenus sans le consentement des étrangers.

Elle a perdu son indépendance militaire : elle ne peut réorganiser son armée comme elle le voudrait, ni renforcer sa flotte à sa guise.

Son territoire est sous l'obédience étrangère : bien que sa capitale soit située sur les deux Détroits, elle ne peut y procéder à aucune modification militaire sans la permission de ses voisins.

Elle a perdu la liberté de son administration intérieure : elle

(1) La vérité sur la question syrienne, p. 65.

ne peut nommer un fonctionnaire qui déplairait aux pays limi-
trophes.

Elle a perdu la liberté de sa politique extérieure : elle est
forcée de faire ce que lui imposent les cabinets étrangers.

Elle est en servitude financière : les pays étrangers la font
vivre ou la laissent mourir, selon leur volonté.

La Turquie est une entité qui ne représente plus aucune
réalité. Son existence dépend de la volonté des autres. Ceux
qui pensent que ce pays survivra à une pareille décadence sont
dénués d'intelligence, et ceux qui veulent asservir leur pays
à une nation déjà asservis sont des traîtres !

La Grèce était une province de l'Empire Ottoman. En se-
couant le joug, elle a progressé en peu de temps plus que les
Turcs. Le Monténégro aussi est une province détachée de l'Empire qui prêche par son exemple. Les Serbes, délivrés des Turcs,
se sont rués sur eux comme des lions. Les Bulgares, ci-devant
serfs des Turcs, ont constitué un jeune État puissant et fort.
Les Roumains, après leur séparation de l'Empire, sont devenus
le principe d'équilibre des Balkans. Toute région détachée de
cet Empire s'est immédiatement reconstituée, assainie et a formé
un noyau de gouvernement régulier. Toute terre incorporée
à cet État y a trouvé misère et décrépitude. Les Arabes ont
encore plus de possibilités d'avenir que les autres éléments
qui se sont délivrés du joug tu :, parce qu'ils sont d'un ni-
veau intellectuel supérieur à celui des peuples balkaniques
quand ils se sont libérés. Que les Arabes soient convaincus que
les intrigues des politiciens ne sauraient empêcher leur révolte : *ils renverseront de fond en comble cet État pour que
le drapeau arabe flotte sur tous les pays arabes.*

Salut noble nation !

Daigne accepter le sacrifice de ceux qui vivent entre les ténèbres de la nuit, la blancheur de l'âme et la verdeur de l'Espérance !

Le Comité des Réformes

Au mois de décembre 1912, le gouverneur de Beyrouth télégraphiait à son gouvernement :

Le pays est travaillé par différentes influences. Pour améliorer sa situation devenue intolérable, une partie de la population se tourne déjà, ou vers l'Angleterre ou vers la France. Si nous ne prenons l'initiative des réformes, le pays nous échappe.

Le gouvernement de Kiamil pacha avisa le gouverneur de provinces d'inviter le peuple à formuler ses désirs. Les *Conseils laïques* furent alors convoqués et une Assemblée de 90 membres fut élue et tint sa première séance le 12 janvier 1913, d'où sortit une Commission de 25 délégués qui élabora un programme de réformes.

Mais Kiamil pacha est renversé, et les Unionistes voient de mauvais œil l'initiative prise. Le mouvement est trop avancé pour qu'on puisse l'arrêter sans violence et violence est faite. Le Comité des Réformes est dissout et son club est fermé par la force.

Les journaux de Beyrouth paraissent alors en blanc, portant uniquement l'ordre de dissolution du Comité, encadré de noir. Ils sont suspendus et trois des principaux directeurs traduits en Conseil de guerre. Les protestations se succèdent en vain. Alors, la grève générale est décidée et Beyrouth chôme trois jours.

Les représailles ne se font pas attendre. Six des principaux chefs sont arrêtés et jetés en prison. Parmi eux se trouvait Skandar Al-Azar, le grand poète tragique arabe. L'effervescence est à son comble et la population, dépouillant le calme, commence à manifester.

Le gouverneur n'a que le temps de relâcher les prisonniers qui sont portés en triomphe par toute la ville.

Le correspondant du *Temps* à Beyrouth écrivait à son journal, le 18 mars, une relation à ce propos, parue le 27 mars 1913 :

> Ce mouvement, dit-il en terminant, déclanché malgré l'état de siège, s'arrêtera difficilement et ce n'est pas seulement le vilayet de Beyrouth qui se solidarise, mais *toutes les provinces arabes.* Un essai pour entraver ce mouvement, en le privant de ses chefs, a tristement avorté : Chekri Asly bey, ex-député de Damas au Parlement et promoteur du mouvement réformiste dans cet important centre, est appelé à Beyrouth où le Gouverneur lui propose un poste de sous-gouverneur à Lattaquié :
>
> — Ce ne sont pas des postes lucratifs, lui répond Asly bey, que nous, *Arabes,* nous réclamons, ce sont des réformes sérieuses, garanties dans leur application par les puissances de l'Europe...
>
> Et c'est actuellement cette même parole que répètent tous les Syriens, ainsi que les populations des rives de l'Euphrate et des bords de la mer Rouge...

En effet, pour la première fois, la solidarité arabe jouait et toutes les populations de la Syrie, de la Mésopotamie et du Hédjaz se rencontraient sur le terrain des réformes. Damas eut son assemblée, Alep en eut, Bagdad, Bassora également.

Il y avait aussi le Parti de Décentralisation, fondé en 1910, au Caire, et présidé par Rafik bey Al-Azmi, le grand historien de la *Civilisation de l'Islam*. Venu après le parti de l'Entente Libérale auquel il s'était d'abord rallié pour faire opposition au Comité Union et Progrès, ce parti définit ainsi son but dans l'article 2 de ses statuts :

Le but que se proposent les fondateurs de ce parti est de faire connaître les bienfaits du système de décentralisation administrative, au peuple ottoman composé d'éléments différents de langues, de religions et de mœurs, et de poursuivre par tous les moyens légaux l'établissement d'un gouvernement sur la base de la décentralisation dans toutes les provinces de l'empire ottoman.

Art. 3. — Ce parti n'a rien de secret, et il proclame bien haut ses revendications de réforme administrative, croyant fermement que l'empire ne pourra garder sa vie politique, que s'il établissait sa constitution sur les assises de la décentralisation administrative.

Le Parti de Décentralisation, sauf de légères modifications que le grand public ne pouvait facilement discerner, confondait son action avec les comités de réformes. Le Comité de Beyrouth s'était d'ailleurs disloqué et tous ses adeptes, du moins ceux qui étaient bien intentionnés, entrèrent dans le Parti de Décentralisation qui prit aussitôt la même extension en Syrie, en Mésopotamie, voire même au Hédjaz.

. *
.

Devant la solidarité que montrait le monde arabe
par la création et l'action de ses comités, les Turcs sentirent le danger et résolurent d'en finir. La guerre leur
en fournit l'occasion. Les officiers et les soldats arabes
furent envoyés sur les théâtres les plus dangereux de la
bataille et intentionnellement jetés dans la mort. Puis,
l'on commença cette série de procès à Aley qui lais-
sèrent, après elle, tant de larmes et tant de deuils.

II

LE MOUVEMENT ARABE A PARIS

Nous ne relatons ici que les faits qui intéressent directement les événements qui nous occupent.

L'idée arabe trouva à Paris un terrain favorable. Nous avons déjà parlé de la Ligue de la Patrie arabe. De nouveau, en 1910, les discussions de Constantinople trouvent un écho à Paris.

Le *Temps* du 5 avril 1910, dont son bulletin de l'étranger, sous le titre : *Arabes et Turcs*, écrit :

De toutes les difficultés qu'ont à résoudre les Jeunes Turcs — difficultés qu'ils ne résoudront que peu à peu et qui justifient, en leur faveur, un crédit de confiance et de patience, — la plus grave est la question des races...

Une des preuves les plus récentes de ce désaccord se trouve dans les polémiques, suivies de violence qui ont eu lieu entre Arabes et Turcs. L'auteur applaudi d'*Antar*, M. Chekri Ganem, nous a écrit à ce sujet une longue lettre, où s'autorisant à la fois de *son ascendance arabe*, et de son loyalisme ottoman, il s'applique à préciser le progrès désirable et possible... M. Chekri G tem a développé dans sa lettre la thèse arabe :

...Depuis que les Turcs ont pris la succession de l'empire arabe et du Khalifat, ils n'ont jamais tenté de se concilier les autres races, notamment la race arabe. Depuis la révolution de 1908, les Arabes se plaignent d'avoir été moins bien traités. Ils trouvèrent médiocre la place faite à leurs représentants dans les ministères successifs. A la Chambre, au Sénat, dans l'administration, ils se jugèrent également sacrifiés. Il y a en Turquie 12 millions d'Arabes, soit la moitié de la population ottomane. Or, sur 40 sénateurs, il n'y a que 4 Arabes, sur 240 députés, 65 Arabes, sur 24 gouverneurs généraux, 2 Arabes. Dans le corps consulaire 1 Arabe ; dans le corps diplomatique pas un ; dans l'armée et dans la marine, presque aucun, si ce n'est par une brillante exception le Ministre de la Guerre Mahmoud Chevket pacha.

— Pourquoi, répète avec eux M. Chekri Ganem? Les Turcs ont-ils donc peur de nous, de notre esprit d'indépendance et de notre nombre?

Le 15 avril, *Le Temps* revient encore à la charge :

La discussion continue entre les Arabes et les Turcs... Le débat ouvert par l'article de l'*Iklam*, et les incidents qui s'en sont suivis, élargi par M. Chekri Ganem, accentué par le Tanin, dans un article dont nous nous sommes permis de regretter la forme, a provoqué une réplique arabe que nous adresse aujourd'hui l'auteur d'*Antar*...

Le Tanin dans une argumentation vraiment trop simpliste, déclare que les Arabes qui se plaignent sont de vulgaires ambitieux, qui veulent des places et essaient de faire chanter le gouvernement... Le Tanin oublie que *la question arabe ne date pas d'hier et qu'elle n'a pas été inventée pour les besoins d'une cause particulière.*

Comment, l'auteur applaudi d'*Antar*, qui se réclame de son ascendance arabe, a-t-il été amené à défendre ses frères de race contre les Turcs, il nous le dit lui-même dans un article de la *Correspondance d'Orient* (revue dirigée par le Dr Georges Samné), en date du 15 juin 1910.

Je suis, dit-il, le frère de l'ancien député de Syrie, ami de Midhat, mort à Paris... J'ai cru devoir, avec impartialité dans l'esprit et modération dans la forme, exposer la question des Arabes de Turquie, question dont la solution importe au delà

de toute expression à tous les Ottomans. Je l'ai fait dans un
but d'intérêt général... La question arabe n'est pas nouvelle.

Et M. Ganem s'indigne de la politique suivie par les
Jeunes-Turcs :

Est-ce politique, est-ce juste de froisser jusqu'au plus intime
de son être cet Arabe fier, guerrier, fin, qui forme la moitié de
l'empire et dont le passé est si glorieux? Pourquoi diminuer
sans profit, et au contraire, avec des dommages, cette force
ottomane et ce patrimoine humain? *Car diminuer l'Arabe,
c'est affaiblir la Turquie et diminuer une histoire, une civilisation dont l'humanité s'honore.*

Antar

M. Ganem était d'autant plus autorisé à prendre
cette attitude qu'il venait de se poser devant le monde
entier comme poète arabe. Sa pièce d'*Antar*, représen-
tée pour la première fois sur le théâtre de l'Odéon, le
12 février 1910, avait eu un immense succès. Ce n'était
pas seulement une manifestation littéraire et artistique,
mais un acte politique, d'une extrême gravité dans la
situation où la Révolution venait de jeter la Turquie.
Antar, le poète errant, n'est plus le paladin amoureux
des sables du désert, c'est, avec la nouvelle conception
de M. Ganem, le grand champion de l'*Unité Arabe* :

Antar dit :

J'ai des devoirs sacrés qui dictent ma conduite,
J'ai promis à de grands moissonneurs mon appui,
Peut-être la moisson mûrit-elle aujourd'hui !

— — Mais où vas-tu? demanda un berger?

Antar.

— Vers un royaume qui se fonde
Et dont l'éclat bientôt étonnera le monde.

Ce royaume, 'Antar le définit en s'écriant :

Oui l'Arabie unie aux mains d'un maître unique!

                          (Scène III, Acte III)

Le poète trouve des accents émus devant cette belle
et lointaine vision :

La terre est agitée ainsi que les palmiers
Du désert, sous le vent du ciel qui fertilise,
Et les espoirs humains au souffle de la brise
Se suivent comme un vol immense de ramiers!
.. ..

Et la terre entendra le langage sacré
Verbe d'or enchâssé dans l'argent des syllabes,
Et des déserts sans fin, les peuplades arabes
Surgiront aux lueurs de leur croissant sacré.

                          (Scène III, Acte IV.)

L'avenir prédit n'est pas seulement celui de la presqu'île Arabique, c'est celui de toute la race à laquelle
appartient M. Ganem et la mort d'Antar, elle-même,
n'est plus que l'occasion d'affirmer ses grandes destinées :

L'avenir d'une race, d'un pays n'est pas
Dans un homme, fût-il l'arbitre des combats
Le roi du monde. Rien n'arrête un peuple en marche
Il monte! Je le vois monter de marche en marche,
Du levant au couchant dans un tel flamboiement
Que l'astre d'or pâlit au fond du firmament.

                          (Acte V. Scène I.)

IV

LE CONGRÈS ARABE

L'auteur d'*Antar* n'a cessé depuis 1910 de se poser en champion de la cause Arabe. C'est à ce titre qu'il a tenu à signer le manifeste du Comité d'organisation du Congrès Arabe de Paris, que voici :

Appel à la Nation Arabe

Nous, Arabes de Paris, les polémiques des journaux et la politique des gouvernements nous apprennent que des décisions internationales sont prises au sujet de la Syrie, ce joyau de la patrie et des pays arabes. Cela nous a incité à nous réunir au nombre de plus de trois cents pour délibérer sur les moyens de préserver, *des convoitises étrangères, notre patrie pétrie avec le sang de nos ancêtres, de délivrer le peuple de la tyrannie et de l'oppression, d'accroître nos forces en réorganisant notre administration sur la base de la décentralisation, de prévenir la décadence et l'occupation de nos pays, et de montrer ainsi à ceux qui se jouent de nos destinées que nous ne sommes pas une race qui courbe l'échine et accepte l'humiliation.*

Après délibération, nous avons décidé de réunir un Congrès, qui représentera les Arabes du monde entier et émettra des desiderata sur leurs besoins politiques et sociaux. De cette façon nous montrerons aux nations d'Europe que *la nation arabe forme une entité sociale vivante, indivisible,* ayant, parmi les nations, une place à elle, une position politique de première importance, et *une force avec laquelle on devra compter.*

Faisons-leur comprendre que nous tenons plus à nos droits qu'à notre vie.

Les questions mises à l'étude seront les suivantes :

1° L'existence nationale, et le rejet de l'occupation ;

2° Les droits des Arabes en territoire ottoman ;

3° Nécessité des réformes sur la base du système de décentralisation ;

4° Émigration et immigration en Syrie.

C'est ainsi que, se débarrassant des nuées qui la recouvrent, apparaîtra l'aurore de notre renaissance nationale.

Salut à ceux qui comprennent et qui font leur devoir.

Conseil d'administration du Congrès arabe syrien :

Signé : Nadra MOUTRAN, AVSI ABDUL-HADI, DJÉMIL bey MARDAM, Charles DEBBAS, MOHAMMED MAHMASSANI, DJÉMIL bey MAALOUF, CHÉKRI GANEM, ABDUL GANI URÉISSI.

Le Congrès Arabe s'ouvrit à Paris, le mercredi 18 juin 1913, dans la salle de la Société de Géographie, boulevard Saint-Germain, 186, sous la présidence de Zehraoui, assisté de M. Chekri-Ganem, vice-président. La clôture intervint le lundi 23 juin.

Voici ce qu'en disait le *Temps* du 10 juin 1913 :

Les Ottomans des provinces arabes et notamment de Syrie vont tenir un Congrès à Paris. Une des personnalités musulmanes les plus autorisées, Sayed Abdul Hamid Zahraoui, qui est tout désigné pour en être le président, nous a donné sur cette manifestation arabe des renseignements intéressants.

Ancien député de Hama au Parlement ottoman, fondateur

et rédacteur du journal arabe *Al-Hidaral*, Zahraoui est non
moins connu comme écrivain que comme orateur. Avec son
manteau oriental, son turban blanc, sa face épanouie et toujours souriante, il présente un extérieur imposant qui rappelle les antiques khalifes de Damas dont il réveille le souvenir et parle la langue dans toute l'ampeur de ses périodes
sonores. D'une famille qui se rattache au prophète arabe par
sa fille Fatima, surnommé *Az Zahrá*, d'où Zahraoui, son origine et son talent lui font une situation à part dans le monde
musulman.

Voici les déclarations qu'il a bien voulu nous faire :

— Les graves événements survenus dans la Turquie d'Europe nous obligent à étudier la nouvelle situation qui nous est
faite et les mesures à prendre pour sauver ce qui nous reste.
D'un autre côté, nous formons dans le tout ottoman un élément considérable, si ce n'est le plus considérable, ayant pour
lui l'unité de langue, de traditions, d'intérêts et d'aspirations,
et nous avons de ce chef certains droits qui n'ont été jusqu'à
présent que trop sacrifiés. Comme Ottomans, nous tenons à
apporter notre collaboration à l'œuvre commune, et comme
Arabes, nous tenons à formuler nos revendications. C'est pour
cela que le Congrès étudiera d'abord, à un point de vue général, la sauvegarde de la vie nationale et l'application des
réformes sur la base de la décentralisation, puis à un point de
vue particulier, l'exposé des droits de l'élément arabe et la
question de l'émigration et de l'immigration sur son territoire.

— Quelle sera l'attitude du Congrès par rapport aux Arabes
et aux Musulmans qui ne sont point Ottomans?

— Je dois vous déclarer tout d'abord que ce Congrès n'a
aucun caractère religieux et ses travaux sont purement du
domaine social et politique. Aussi y voyez-vous une égale pro-
portion de délégués chrétiens aussi bien que musulmans. Une
solidarité étroite islamo-chrétienne s'est établie et a fait ses
preuves dans les derniers événements de Beyrouth et d' ette
solidarité est née l'idée du Congrès. D'un autre côté, le Congrès est tenu par les Ottomans des provinces arabes et n.
cupe nullement, ni maintenant ni après, de tout ce qui n.
point trait à ces provinces. Il a déjà bien assez avec cela. Cependant comme les Ottomans arabes ont plusieurs centres importants d'émigration à l'étranger, ces centres, qui s'intéres-

sent toujours à la patrie commune ont tenu à cœur de se faire
représenter au Congrès. C'est ainsi que l'Egypte est repré-
sentée, l'Amérique dans ses différentes parties, Constantinople,
Paris, indépendamment des délégués des provinces elles-mêmes.
Tous les délégués ne sont pas encore arrivés, mais de quelque
part qu'ils viennent ils ne représentent et ne peuvent représenter que les seules aspirations des Arabes ottomans.

— Mais alors pourquoi le Congrès se tient-il à Paris?

— Les derniers événements de Beyrouth nous donnent la
mesure de la liberté dont jouirait un Congrès tenu en Syrie.
D'un autre côté, nous avons besoin que l'Europe, qui a des
intérêts de plus en plus grands en Turquie, nous entende et
connaisse nos aspirations. Enfin du contact forcé occasionné
par notre séjour, il est bien des préjugés et des préventions
qui pourraient se dissiper et une compréhension mutuelle et
sincère pourrait s'établir entre l'Orient et l'Occident. Nous
avons choisi Paris, de préférence aux autres capitales, parce
que notre colonie y est la plus nombreuse et la plus importante.

— Mais ne craignez-vous pas ainsi d'indisposer l'autorité
turque qui a cependant fait preuve de bonne volonté en ad-
mettant la langue arabe et en promulguant la loi sur les vilayets?

— L'autorité turque serait en droit de se formaliser si nos
revendications tendaient à disloquer l'empire. Il n'en est rien,
bien au contraire. Mais des revendications justes, que nous
osons produire devant l'Europe, qui tendent à améliorer la situation générale et celle d'un élément important de l'empire,
nous ne nous estimons pas seulement le droit, mais plutôt le
devoir de les formuler, car c'est le seul moyen de relever nos
institutions qui croulent. Quant à la bonne volonté dont on a
voulu faire preuve à Constantinople, elle est bien superficielle
et bien tardive: on tolère plutôt qu'on n'autorise la langue arabe
pour laquelle nous revendiquons le droit de langue officielle.
On restreint l'autorité centrale, mais au profit du gouverneur
et non au profit du peuple comme nous le réclamons. Ce qu'on
donne, c'est pour éluder ce qu'on demande et laisser les choses
au même point politique qui ne tend à rien de moins qu'à disloquer l'unité ottomane, chose que nous ne souhaitons pas.

— Est-ce la solidarité religieuse qui vous porte à maintenir
l'unité politique?

— La solidarité religieuse a toujours été incapable de créer ou de maintenir la solidarité politique. Je laisse de côté les preuves que fournit l'Histoire. Je prends un fait actuel, courant : la Turquie, la Perse, l'Afghanistan, trois États musulmans dont la solidarité religieuse a été incapable de faire disparaître un simple différend de frontière. La solidarité qu'on invoque n'existe que là où l'autorité musulmane a disparu. Mais jamais le sentiment religieux n'a été assez fort pour porter un prince musulman à se dépouiller de ses droits en faveur d'un coreligionnaire, fût-il même khalife. Ce n'est donc pas par scrupule religieux que nous tenons à l'unité ottomane, mais par le désir bien naturel de former un grand tout où notre individualité nationale puisse se développer librement et un gouvernement sérieux où une participation nous est assurée. L'empire ottoman régénéré peut réaliser nos désirs et nous y tenons. Mais si les réformes n'interviennent pas, je le déclare ici, comme je l'ai fait ailleurs, la situation change du tout au tout.

— Ce que vous dites à propos du sentiment religieux, est-il vrai par rapport au peuple ?

— Je traduis pour ma part la pensée de l'élite éclairée. Mais comme l'élite a pu penser ainsi sans être pour cela moins dévouée à ses principes religieux, je ne vois pas pourquoi le peuple ne serait pas capable de comprendre cette vérité. Je le sais, on exploite le sentiment religieux pour combattre les réformes, mais cette basse tactique employée ne peut durer et le peuple n'en sera pas longtemps dupe. Nous sommes las de cette aveugle ignorance qui n'a que trop duré et nous avons hâte de nous tourner vers les vérités pratiques. Le monde est actuellement dirigé par une poignée d'hommes, dont l'intelligence, par son beau rayonnement, éclaire l'Orient comme l'Occident. Et ces hommes, ne sont point les nôtres.

— Vous êtes loin de cette antipathie prévenue que beaucoup de musulmans témoignent à l'Europe et à ses hommes.

— Ceux d'entre nous qui nient la valeur des hommes de l'Europe chrétienne se laissent entraîner par un égoisme aveugle et étroit que nous regardons avec pitié quand nous sommes impuissants à le dissiper. Pourtant, c'est une chose qu'on n'a aucun mérite à reconnaître, tant elle est claire, que c'est la civilisation moderne de l'Europe qui nous a tirés de notre léthargie séculaire. Si nos préventions passées ont été la cause

de notre stagnation, une plus saine considération des choses
est de nature à nous pousser plus avant dans la voie de la régé-
nération qui nous remettra à la place qu'ont occupée nos pères
dans les civilisations passées, et cet aveugle égoïsme que vous
constatez encore chez quelques-uns fera place à une large sympathie qui enveloppera toute l'âme humaine quelle qu'elle soit,
cette âme qui est le *khalifat* de Dieu sur la terre. — *K.-T. K.*

De son côté, M. Charles Debbas, l'un des secrétaires
du Congrès, publiait dans la *Correspondance d'Orient*,
(revue dirigée par le Dr Georges Samné), en date du
1er juillet 1913, un compte rendu très étendu sur les
actes du Congrès, dont nous extrayons les passages
substantiels suivants :

Le Congrès arabe-syrien vient de terminer ses travaux. Grâce
au grand nombre des délégués qui y ont pris part, grâce à l'im-
peccable tenue de ses séances, grâce à la ferme modération de
ses orateurs, il a donné au monde l'impression d'une assemblée
parfaitement disciplinée, hautement consciente des droits
qu'elle était chargée de défendre, des intérêts qu'elle avait
mission de faire respecter.

Après l'audition de tous les orateurs, le Congrès dans sa
troisième séance, procéda à la discussion et au vote des résolutions, dont l'ensemble constituera désormais le programme
politique de tous les Syriens et Arabes ottomans. En voici la
teneur :

1° Des réformes radicales et urgentes sont nécessaires dans
l'empire ottoman ;

2° Il importe d'assurer aux Arabes ottomans l'exercice de
leurs droits politiques en rendant effective leur participation à
l'administration centrale de l'empire ;

3° Il importe d'établir dans chacun des vilayets syriens et
arabes un régime décentralisateur approprié à ses besoins et à
ses aptitudes ;

4° Le vilayet de Beyrouth, ayant formulé ses revendications
dans un projet spécial voté le 31 janvier 1913 par une Assemblée générale « ad hoc » et basé sur le double principe de l'extension des pouvoirs du Conseil général du vilayet et de la

nomination de conseillers étrangers, le Congrès demande la mise en application du susdit projet ;

5° La langue arabe doit être reconnue au Parlement ottoman et considérée comme officielle dans les pays syriens et arabes ;

6° Le service militaire sera régional dans les vilayets syriens et arabes, en dehors des cas d'extrême nécessité ;

7° Le Congrès émet le vœu de voir le gouvernement impérial ottoman assurer au mutessariflik du Liban les moyens d'améliorer sa situation financière ;

8° Le Congrès affirme sa sympathie pour les demandes réformistes et décentralisatrices des Arméniens ottomans ;

9° Les présentes résolutions seront communiquées au gouvernement impérial ottoman ;

10° Il sera fait également communication des mêmes résolutions aux puissances amies de l'empire ottoman ;

11° Le Congrès exprime ses chaleureux remerciements au gouvernement de la République pour sa généreuse hospitalité ;

12° Aussi longtemps que les résolutions votées par le présent Congrès n'auront pas été dûment exécutées, les membres des comités réformistes arabes-syriens s'abstiendront d'accepter toute fonction dans l'empire ottoman, à moins d'une autorisation expresse et spéciale de leurs comités respectifs ;

13° Les présentes résolutions constitueront le programme politique des Syriens et Arabes ottomans. Aucun candidat aux élections législatives ne sera appuyé s'il ne s'est engagé au préalable à défendre le susdit programme et a en poursuivre l'exécution.

Mes collègues avaient bien voulu me confier la tâche de définir la procédure qu'il y avait lieu de suivre pour aboutir au triomphe de nos revendications.

Après avoir constaté que les Turcs opposaient à nos justes demandes une fin de non-recevoir absolue, après avoir contesté d'ailleurs l'utilité d'une conversation engagée en tête-à-tête avec eux, j'ai essayé de démontrer que les puissances devaient, pour sauvegarder leurs intérêts économiques et politiques, et pouvaient, en vertu des principes du droit international, nous prêter leur appui.

Notre cher et éminent vice-président, M. Chekri Ganem, m'a succédé à la tribune. Dans un magnifique discours, où il

avait mis tout son cœur, il a raconté nos souffrances et nos
luttes d'antan, retracé notre idéal et affirmé notre foi inébranlable dans un avenir meilleur.

Signé : Charles DEBBAS,
Secrétaire du Congrès arabe-syrien.

Le Temps du 25 juin concluait :

Pour dépeindre la résolution calme et irrévocable des différents délégués venus de toutes les parties du monde, où les
hasards de l'émigration jettent les Syriens, on ne peut mieux
trouver que cette ancienne formule, rappelée d'ailleurs par
l'un des orateurs du Congrès :

L'empire turc sera réformateur où *ne sera pas !*

Si les Turcs veulent aller tête baissée à l'abîme, déclare de
son côté, un orateur, Skender Ammoun, qu'on ne nous fasse
pas un crime d'hésiter un instant avant de nous y jeter avec
eux.

Le Congrès de Paris a constitué une tentative suprême de
sauver l'unité ottomane menacée. Si elle échoue, les suites ne
sauraient être prévues, mais en tout cas, elles ne sont pas à
souhaiter.

Les décisions du Congrès furent communiquées à l'Ambassadeur de Turquie à Paris, en ces termes : (1)

« Excellence,

« En exécution de la décision prise le 21 juin 1913, par le
Congrès arabe-syrien, nous avons l'honneur de vous remettre
ci-inclus copie des résolutions votées par le susdit Congrès.

« Veuillez en donner communication au gouvernement impérial ottoman, et agréer, etc.

« Pour le Congrès Arabe-Syrien :

Le Secrétaire,   *Le Vice-Président,*
Charles DEBBAS.   Chekeri GANEM.

Le Président,
ZAHRAOUI.

(1) *Le Temps,* du 29 juin 1913.

Six personnalités, de celles qui ont pris part au Congrès de Paris, jugées et exécutées par les Turcs, ont scellé de leur sang leur fidélité à leur idéal. L'auteur d'*Antar* a fondé le *Comité Central Syrien*, qui a pu dire à la Conférence de la Paix, à propos des Syriens : *un troupeau de bétail à vendre au plus offrant* (1).

M. Ganem n'abandonne pas encore sa politique *Arabe* durant les premières années de la guerre. Au début de mars 1915, il faisait paraître un journal qu'il annonce lui-même dans *Le Matin* du 2 mars 1915, en ces termes :

Un Journal arabe, à Paris. Il se propose de sonner le réveil de la race arabe :

Il vient de naître. Son premier numéro a paru hier. Il a nom *Al Moustakbal* (l'Avenir). Son but? Voici ce qu'en dit sa rédaction :

Son titre l'indique. Écrit, pensé, senti en arabe, l'*Avenir* s'occupera de l'avenir des Arabes.

Devant les événements qui se déroulent et dont les conséquences importent au plus haut point à notre nation, il serait coupable, de la part de ceux qui ont licence de parler et d'agir, d'attendre dans le silence et l'inaction ce qu'il adviendra d'elle.

La nation arabe n'est qu'endormie. Il serait dangereux qu'elle se complût dans ce sommeil. Que faut-il pour qu'elle se réveille, secoue ses membres engourdis et redonne à ses yeux déshabitués de la grande lumière depuis l'usurpation turque la vertu qu'ont les aigles et qu'ont eue ses aïeux de regarder en face le soleil? Une trompette retentissante qui irait, en frappant ses oreilles, pénétrer jusqu'à son âme. *Al Moustakbal* sera cet instrument sonore.

Le 12 décembre 1915, M. Ganem, dans *Le Matin*

(1) Cf. *le Temps* du 23 mars 1919.

également, sous ce titre : Parlement d'Orient, préconise encore une politique arabe :

> Il est urgent dit-il de soutenir les courageux Arabes, qui, jusque dans Constantinople, sous la dictature de l'éphèbe Enver de l'ogre Guillaume, élèvent la voix pour défendre leurs libertés...
>
> *Opposer l'Arabe au Turc et l'aider* n'est-ce pas la seule ligne de conduite à suivre par les Alliés en Orient, s'ils veulent sauvegarder leurs intérêts et sauver la noble race de l'asservissement définitif dont elle est menacée.

Il semble que depuis qu'ils se sont soulevés pour conquérir à la pointe de l'épée leurs libertés et leur indépendance, ces fils de la *noble race*, celle d'Antar et de son chantre moderne, inspirent beaucoup moins de sympathie à M. Ganem.

LE LIBAN

L'idée Arabe a trouvé des apôtres parmi les intellectuels du Liban. Les Libanais ont participé à toutes les péripéties de la lutte pour réaliser cette idée, affirmant, jusque dans les supplices leur solidarité avec leurs frères de langue.

Cependant la masse du peuple conservait une vie propre : l'âme nationale libanaise avait des directives parallèles, mais non identiques, à celles du peuple Arabe. De toutes parts, sur cette vieille terre des civilisations antiques, déchue et humiliée, une espérance unique emplit les cœurs, un même idéal illumine les âmes, l'idéal suprême des peuples : l'Indépendance.

C'est là que toutes les volontés des individus s'étaient rencontrées dans le passé et c'est là que tous ces peuples se retrouveront à l'avenir, dans la même grande unité.

I

LA VIE POLITIQUE DU LIBAN

Son particularisme

Pourquoi le Liban restait-il comme isolé en Syrie?
c'est son autonomie qui en fut cause. Le Libanais ne
faisant pas de service militaire et possédant ses écoles
propres, ces facteurs de fusion n'avaient pas d'action
sur lui. Les relations économiques avec l'intérieur
n'étaient pas plus développées, sa position géographique le mettant en contact avec l'Europe où de bonne
heure il s'est habitué à se rendre. Autrement, son activité restait confinée dans ses montagnes. Ainsi la
masse du peuple restait d'autant plus renfermée que
ses intellectuels, de leurs regards, embrassaient plus
d'horizon.

Il y avait aussi l'héritage du passé.

Nous sommes un peuple en voie de reconstitution.
Nous avons besoin d'asseoir notre jeune existence sur
des bases solides et la base la plus solide c'est la vérité.

Nous ne devons pas craindre de fouiller les gangrènes
qui affectent notre corps social. Notre gangrène, ce fut
longtemps le fanatisme religieux qui n'est que la cor-
ruption des grands principes spiritualistes qui, partis
de notre région, ont fait la conquête du monde.

Si le peuple libanais, chrétien et druse, s'est réfu-
gié sur ces sommets inaccessibles, c'est pour mettre à
l'abri son indépendance et la liberté de sa conscience.
Ce ne fut précisément pas la tolérance de son milieu
qui le condamna à cet isolement. Il s'est maintenu durant des siècles, sur ses rochers sauvages, et il n'en
descendra que le jour où il sera sûr de retrouver dans
la plaine avec sa liberté, le libre épanouissement de
son individualité de montagnard vivant plus près du
ciel, amoureux d'idéal et d'azur.

* *
*

Dans l'antiquité, le Liban a donné naissance avec
les Phéniciens à une des plus belles civilisations du
monde.

Au début du moyen âge, diverses populations, souvent ennemies, s'y trouvaient fixées et gardaient jalou-
sement leur indépendance.

Au début de l'âge moderne, le Liban était partagé
en plusieurs petites principautés, respectées par les
Sultans d'Egypte. Quand en 1516, le Sultan Sélim 1er
battit les Mamelouks d'Egypte à Marge-Dabek, dans
la campagne d'Alep, les émirs Libanais se rallièrent à
sa cause et, moyennant un léger tribut, gardèrent leur
indépendance. Ils exerçaient toutes les prérogatives

souveraines, droit de vie et de mort, droit de lever les impôts et d'instituer des taxes douanières, droit de passer des traités avec les puissances étrangères. Ils avaient en outre leur armée et leur drapeau propres.

L'unité du Liban se fit en 1598, par l'Alliance des Druses et des Maronites, sous l'émir Fakhr-Eddine Ma'n II.

La dynastie des Ma'n venant à s'éteindre en 1696, les chefs de la féodalité Libanaise se réunirent à Simkanieh et élirent, pour leur chef, un prince de la famille Chébab.

En vertu de l'Assemblée nationale de Simkanieh qui est le premier exercice public de la souveraineté nationale du peuple Libanais, la nouvelle dynastie gouverna le Liban jusqu'en 1840, lorsque l'émir Béchir, s'étant mis du côté de Méhémet-Ali, fut déposé par l'Angleterre, l'Autriche, la Prusse et la Russie, alliées alors, pour défendre la Turquie.

En 1860, par suite de la guerre civile ourdie par la main des Turcs, la souveraineté du peuple Libanais fut *momentanément* restreinte, par le concert des grandes puissances, qui sont intervenues dans le conflit intérieur, sur l'initiative de la France. Cette restriction, caractérisée par le gouvernement d'un haut fonctionnaire turc, présenté par la Turquie et agréé par les puissances, amena une réaction qui se traduisit par le soulèvement de Joseph Karam, en 1866. Si la restriction fut maintenue, il n'en demeure pas moins vrai que la souveraineté nationale Libanaise ne fut jamais contestée. Nous en avons la preuve dans une pièce officielle, la circulaire ministérielle du gouvernement français, en date du 26 mars 1861 :

Les travaux de la Commission de Beyrouth, y est-il dit, sont assez avancés pour qu'il y ait opportunité et même urgence à se préoccuper de l'entente que les Puissances vont se trouver dans le cas d'établir, avec la Porte, pour l'organisation du Liban. Il ne se présentera point de difficultés, nous l'espérons, relativement *au droit traditionnel et reconnu des populations*

*de s'administrer elles-mêmes. Ce droit ne saurait être contesté ;
il doit former la base des institutions nouvelles dont la Montagne sera mise en possession. Nous voulons donc considérer
l'accord, sur ce point, comme acquis à l'avance et ne pouvant
être mis en question par aucune divergence de vue.*

Ainsi, le Liban a constamment lutté pour son indépendance que ne restreignait qu'un léger lien de vassalité, nominale jusqu'en 1860, effective depuis, qui
le liait à la Turquie.

Or, ce lien de vassalité est tombé par le fait même
de la déchéance de l'Empire Turc et les Libanais demandent actuellement aux grandes puissances la cons-
tatation de ce fait.

II

LES COMITÉS ET LEURS DIRECTIVES

La revue *Al-Hakikat*, du 1ᵉʳ août 1906, paraissant à Alexandrie, publiait un article sur les réformes à introduire au Liban, où l'on lit p. 480 :

> Comme l'Egypte, comme la Bulgarie, le Liban possède son autonomie ; mais il est de plus, garanti par un accord international, et la Turquie est tenue de combler le déficit de son budget. Bien mieux, il n'est pas à la merci d'une dynastie qui le gouverne. Son administration est entre les mains d'une assemblée élue par le peuple. L'Egypte et la Bulgarie sont des principautés et le Liban est plutôt une république.

L'auteur de cette étude, Chaïk ChahineAl-Khazen, revenait plus tard à cette idée et la développait dans un volume paru à Beyrouth, intitulé : *Konouz Libnân Al-maouçoudat*, (les trésors enfouis du Liban). Il se faisait ainsi l'écho des tendances qui travaillaient à ce moment l'âme de l'élite Libanaise.

Le Liban, fatigué par la guerre civile et le soulèvement avorté de 1866, s'était laissé aller au repos et son gouvernement n'était plus précisément le modèle de l'activité et du patriotisme. Le peuple se trouvant à l'étroit et étouffant dans cette atmosphère lourde du régime hamidien se jeta dans l'émigration, emportant avec lui la vie nationale.

Ce ne fut que vers 1900 que cette vie commença à refluer vers le Liban et les organisations politiques firent leur apparition.

Les premiers comités parurent au Kesrouan, sous l'action de Salim Ammoun, alors gouverneur. S'ils eurent une grande extension, par contre leur action se cantonna dans la politique locale.

En 1908, un libanais, M. Jouplain, publiait à Paris, *La Question du Liban*, étude de droit international et d'histoire diplomatique qui posait devant l'opinion européenne les données du problème. Dans cet ouvrage, comme dans celui de Chaikh Chahine, apparaît déjà l'ébauche des revendications actuelles des Libanais : l'indépendance, la rectification de la frontière et la réforme intérieure dans le sens démocratique.

A la suite de la révolution turque, le Liban ressentit un contre-coup violent : son nationalisme put résister à cette crise et la faillite du libéralisme turc ne fit que renforcer ses tendances séparatistes. Deux grands comités politiques furent fondés à cette époque (1908), le *Comité des Cèdres* et le *Comité des Réformes*.

En 1910, paraissait le grand recueil de documents traduits en arabe concernant la Syrie et le Liban, de deux frères, Chaikh Philippe et Farid Al-Khazen, qui, par la suite, payèrent de leur vie leur pénible labeur.

Ils publièrent également à Jounié, en 1910, une brochure intitulée : *Perpétuelle indépendance, législative et judiciaire du Liban*, dont une partie parut avec quelques modifications dans la revue de l'*Asie Française*, de Paris, en septembre 1911.

Déjà aussi, en 1910, M' Joseph Saouda, en Egypte, donnait une petite brochure : *Isticlal Libnan fi-t-Tárikh*, l'indépendance du Liban à travers l'histoire.

Les idées développées par M' Saouda se trouvaient être en honneur dans la vallée du Nil, où un comité s'était déjà constitué, le 21 novembre 1909, sur l'initiative de M. Antoun Gemayel, le publiciste libanais bien connu. Ce Comité intitulé l'Alliance Libanaise, *Al-Ittihad-Al-Lobnani*, est le premier comité politique Libanais à l'étranger; son action et ses publications ont rendu de grands services à la cause du Liban.

En 1911, sur l'initiative de M. Ibrahim Salim Naggiar, un comité est fondé à New-York : Lebanon league of Progress, *An-Nahdat-ul-Lobnaniat*.

La même tentative ayant échoué à Paris en 1911, le 1er juin 1912, les Libanais résidant dans cette ville se réunissent 10, boulevard de Strasbourg, et après avoir entendu la lecture d'un mémoire de M. Khaïrallah, exposant la situation au Liban, les conclusions en sont adoptées et mandat est donné à M. Chekri Ganem et à M. Khaïrallah d'en poursuivre la réalisation. Le Comité Libanais venait de se fonder et dura jusqu'en 1915, où, par suite de la guerre, il fut déclaré dissout par ses membres. C'est peut-être ce comité qui fit le plus pour faire connaître dans les milieux politiques européens la question du Liban.

Au Brésil, le premier comité Libanais, *Centro Renascença Libaneza*, est fondé en 1913, à Saô-Paulo, où

il répandit l'idée Libanaise, et collabora activement
avec les comités de Paris et du Caire pour sa réalisation.

L'Alliance Libanaise de Buenos-Aires est du 1ᵉʳ mars
1916 et elle s'est étendue à toute l'Argentine.

L'action libanaise transportée à l'étranger put se
développer plus librement et se faire sentir jusqu'à
Constantinople. Lors de la nomination du gouverneur
du Liban, Couyoumdjian pacha, le 23 décembre 1912,
sur les réclamations des comités Libanais, le nouveau
protocole portait quelque modifications au statut organique, qui loin de satisfaire aux aspirations des Libanais, ne firent que les renforcer. Voici, à ce propos, les
deux documents suivants parus dans *Le Temps* du
1ᵉʳ juin 1915 :

A M. Doumergue, président du Conseil et ministre
des affaires étrangères,

Excellence,

Ayant été délégué au Liban, par les comités libanais à
l'étranger, ainsi que Skender bey Amoun, président de l'Alliance libanaise du Caire, j'ai l'honneur de vous présenter, au
nom de mon collègue et au mien, les quarante pièces ci-jointes,
portant les revendications du Liban, formulées par plus de
trois cent mille Libanais, pièces approuvées et légalisées par
les signatures et cachets de 113 maires et 17 municipalités.

Lorsqu'en 1860, pour des raisons sur lesquelles nous n'aimons point à revenir, puisqu'elles évoquent les souvenirs les
plus cruels à notre conscience nationale, l'on nous a *momentanément* retiré nos droits politiques, on nous a garanti, en
retour, certains avantages d'ordre économique. Or, depuis, nos
droits ne nous ont plus été rendus et les avantages promis
n'existent que dans les traités et protocoles qui en font foi.
Notre situation devient grave, et l'on peut entrevoir déjà le
jour où notre Liban restera désert par l'extension forcée de

l'émigration qui le dépeuple, abstraction faite de l'ordre public qui se trouve menacé.

Par l'intermédiaire de sa protectrice la France, le Liban s'adresse aux grandes puissances signataires de son statut, pour leur demander, avec son droit à la vie, l'application des traités qui le concernent.

Veuillez agréer, etc.

KHAÏRALLAH.

Paris, le 17 décembre 1913.

Voici le texte identique des 40 pièces en question :

Aux grandes puissances signalaires du statut Libanais

Par l'organe de leurs comités au Liban, en Égypte, à Paris et en Amérique, les Libanais ont élevé la voix pour revendiquer leur droit à la vie. Les grandes puissances ont agi pour améliorer leur sort et deux choses vitales sont arrêtées : la création de ports libanais et le droit d'élaborer un budget de gouvernement.

Or, la Turquie entend administrer elle-même ces ports déclarés libanais et s'en approprier les revenus. Quel avantage alors pour le Liban?

D'un autre côté, pour échapper aux obligations de l'article 15 du statut libanais, la Turquie veut imposer elle-même le budget du Liban, de manière à équilibrer les recettes et les dépenses sans nul égard pour les besoins vitaux du pays.

Et voilà réduites à néant les deux seules mesures qui, dans le nouveau protocole de décembre 1912, auraient pu apporter quelque amélioration à la gravité de la situation. Méconnaissant ses engagements, la Turquie change le résultat obtenu, après tant d'efforts, en une décevante mystification. Mais l'accord intervenu, n'ayant pu être exécuté par le fait de la Turquie elle-même, se trouve naturellement résilié, laissant la question du Liban toujours ouverte. Pour lui donner sa solution définitive et pratique, seules les mesures suivantes peuvent être efficaces :

La restitution au Liban des plaines de la Beka et la rectification de ses limites suivant sa frontière naturelle et historique.

La restitution de ses douanes, postes et télégraphes.

La vie du Liban réside dans cette double restitution, sans laquelle les Libanais se verront poussés à la misère et au désespoir.

**

La guerre survient. Voici un article du *Temps*, du 27 juillet 1917, qui retrace la situation :

Profitant des complications créées par la guerre, la Turquie achève d'effacer les derniers vestiges de l'autonomie du Liban.

En 1915, sous le couvert des nécessités militaires, la Turquie viola l'article 14 du statut organique du Liban garanti par l'Europe, quand elle envahit le territoire libanais avec ses soldats. Le Liban, désarmé en vertu d'un accord international, eut sa milice dispersée, ses hauts fonctionnaires envoyés en exil et dut enfin se résigner à voir un gouverneur turc, désigné par la Turquie, prendre la place de celui qui avait été reconnu par les grandes puissances. Ce ne fut que deux ans après, au début de l'année 1917, que le gouvernement de Constantinople essaya de justifier sa violation. Par une note adressée à ses alliés allemands et autrichiens, il dénonça les traités de Paris et de Berlin et conclut en annonçant l'abolition de l'autonomie du Liban. « C'est sous la pression du gouvernement français, déclare la note turque, que cette autonomie fut créée. »

Le gouvernement turc, pour justifier sa violation, a sciemment altéré la vérité historique : l'initiative de la France en 1860 ne tendait pas à créer un gouvernement autonome au Liban, puisqu'il existait déjà, mais à le faire respecter par ceux qui étaient intéressés à le détruire. Les grandes puissances et la Turquie elle-même ont constaté alors *un état de fait*. En effet, depuis 1516, date de l'entrée des Ottomans en Syrie, le Liban n'avait cessé d'être gouverné par ses émirs indépendants. Si par suite de la guerre civile de 1860 ses libertés furent restreintes, les puissances lui garantissaient en retour des avantages économiques représentés par des redevances que la Turquie a régulièrement payées jusqu'en 1876. Depuis lors, elle n'a plus tenu ses engagements et sa dette envers le Liban représente actuellement plusieurs millions. Pour mettre fin à cette question pendante, le gouvernement de Constantinople a trouvé plus simple de s'emparer du Liban.

Le peuple libanais, qui est dans la plus lamentable des situations, est incapable de faire respecter ses droits. Les Libanais qui se trouvent à l'étranger, par l'organe de leurs comités politiques au Caire, à New-York, à Saô-Paulo, à Buenos-Aires et ailleurs ont adressé leurs protestations à toutes les puissances, en revendiquant leur droit à la vie libre. Leurs regards se tournent naturellement vers les Alliés qui combattent pour le triomphe de la justice et la libération des peuples opprimés. Ils osent espérer que ceux-ci voudront bien prendre en considération l'extermination dont leur patrie est menacée, et leur droit à l'affranchissement du joug qui depuis 1861 pèse sur eux.

Là-bas, sur les flancs ensoleillés du Liban, en face des flots de la Méditerranée, vivait un petit peuple travailleur et pacifique. Depuis trois ans, un voile épais cache aux yeux du monde les atrocités et les horreurs sans nom qu'il endure. Qu'en restera-t-il depuis que la famine, les épidémies et la justice (!) des Turcs se sont appesantis sur lui ?...

Qu'au moins les cendres des morts, de ceux qui furent les nôtres, puissent reposer, enfin dans une terre libre de toute servitude ! — K.-T. KHAIRALLAH.

* *
*

Ainsi, fidèles aux grandes directives de l'âme nationale et aux vieilles traditions, les écrivains et les comités libanais avaient la même conception et la même
volonté, quant à l'avenir du Liban : *Une Terre libre
de toute servitude !*

L'action politique arabe n'existait pas ou, du moins,
la grande idée arabe ne s'était pas encore assez déga-
gée des langes du rêve, quand déjà l'idée libanaise
avait pris une forme concrète et s'était affirmée dans le
monde entier, par l'action de toute une légion de volontaires. Ignorant tout ce passé de lutte et de dévouement, parfois des amis syriens ou arabes ont reproché
au Libanais son séparatisme. Qu'ils veuillent bien considérer que, si par sa situation privilégiée, le Liban a
pu rendre quelques services à l'idée arabe, il est appelé,
par son indépendance, à lui en rendre de plus grands
encore.

D'ailleurs, les deux actions, syrienne et libanaise,
ne se rencontrent-elles point dans la même fin, l'indépendance ? C'est là seulement, quand ce résultat est
réalisé, que la fusion est possible. Les faire dévier,
l'une ou l'autre avant complète maturité, c'est une
faute politique dont les conséquences pourraient être
graves. Que chaque région du monde arabe assure
pour le moment son indépendance, sans gêner sa voi-
sine, et le résultat est assuré : *Chacun pour soi et l'indépendance pour tous.*

III

LES REVENDICATIONS POLITIQUES

Le 24 janvier 1908, les Libanais de Paris, réunis en assemblée générale, ont reconstitué leur comité sur le principe de l'*Indépendance Intégrale*.

Le 5 janvier 1919, nouvelle assemblée générale, et le Comité Libanais de Paris pose les fondements de son action par cette formule qui figure dans le *Journal Officiel* de la République Française, du 15 janvier 1919, page 584 :

Comité Libanais de Paris. — Indépendance du Liban et reconstitution de son unité territoriale dans ses frontières naturelles historiques et économiques.

L'Alliance Libanaise d'Egypte a marqué, dans l'article I de ses statuts, le but de son activité ; le voici :

L'Indépendance absolue du Liban, dans ses frontières naturelles, sous la garantie des grandes puissances.

Le 1ᵉʳ janvier 1918, ce comité publiait encore un *memorandum* dans le même sens, dont les conclusions se trouvent reproduites dans le *Temps* du 6 mars 1918.

Enfin les Comités Libanais de Saô Paulo, de Buenos-Aires et du Caire soumettent à la Conférence de la Paix leurs revendications libellées de la même façon et chargent le Comité de Paris d'en poursuivre la réalisation.

Le Comité Libanais de Paris, dans sa séance du 9 février 1919, décide :

1° De communiquer son programme aux délégués des Grandes Puissances, suivant sa décision du 5 janvier, déjà citée.

2° De protester contre la Délégation Daoud-Ammoun.

3° De demander à être entendu à la Conférence.

4° De charger M. Khaïrallah d'exposer le point de vue du Comité à la Conférence de la Paix.

Communication et protestation furent faites le 10 et le 12 février; mais, après avoir entendu la délégation venue du Liban, sous la présidence de Daoud Ammoun, le 15 février, la Conférence se détourna de la question du Levant avant de l'épuiser, et elle ne l'a pas encore reprise à la date où ces lignes sont écrites, le 7 novembre 1919.

Quant au Comité Libanais de New-York, projetant de réunir un congrès libanais général, il publie à cette occasion son programme politique reproduit par le *Temps* du 22 juin 1915, d'après *Al-Hoda*, journal arabe de M. N. Mokarzel :

Le but du Comité (Lebanon League of Progress) est la création au Liban d'une principauté constitutionnelle indépendante, régie par un prince étranger, élu, qui laissera son trône en héritag. à ses descendants. Cette principauté héréditaire sera placée sous le protectorat des puissances alliées.

Le but du Congrès est d'étudier en commun les moyens propres à réaliser, cette idée.

La guerre actuelle poursuit le manifeste d'*Al-Hoda*, produira nécessairement un grand bouleversement en Europe, qui ne peut manquer de gagner l'Orient. Nous avons besoin de ne pas être pris au dépourvu, par ce grand remaniement et de nous préparer à pouvoir réaliser notre grand rêve, le jour où la question de Syrie, qui touche de près à celle du Liban, sera mise sur le tapis au prochain Congrès... (1).

La délégation envoyée par le Conseil Libanais à la Conférence de la Paix, à laquelle nous venons de faire allusion, a déclaré au *Temps*, en date du 15 février 1919, par la bouche de Daoud bey Ammoun, qui venait de se faire entendre au Conseil des Dix :

La thèse libanaise se ramène aux trois points suivants :
1° L'indépendance du Liban ;
2° La restitution de ses frontières naturelles et historiques ;
3° La collaboration de la France.

Bien que les délégués libanais aient insisté sur le fait que *cette collaboration n'implique dans leur esprit aucune renonciation à leurs droits, aucune abdication de leur indépendance*, les Comités Libanais furent unanimes à protester contre l'adjonction d'un élément étranger à l'idée libanaise.

La France est l'amie des Libanais et la protectrice de leurs droits ; elle possède parmi eux des sympathies

(1) Une feuille volante, rédigée en un français indigeste et signée : Nahoum A. Mokarzel, rédacteur d'Al-Hoda et Président délégué de la Ligue Libanaise et de ses filiales dans les pays d'émigration, a été présentée au Congrès de la paix au nom du Comité de New-York. A l'idée fondamentale de ce Comité, la feuille Mokarzel ajoute une *collaboration française*, caractérisée par un *chef d'Etat, deux conseillers et un commandant en chef de l'armée de nationalité française*, laissant après cela, au Liban, la douce illusion de cette indépendance pour laquelle tout membre du Comité de New-York, par un *serment solennel*, s'est engagé à lutter jusqu'à la mort.
Jusqu'à preuve du contraire, nous aimons à croire que les revendications en question, sont uniquement le produit du cerveau du propriétaire d'Al-Hoda.

unanimes. Mais l'intérêt libanais comme l'intérêt français, bien compris, ne permettent point cette confusion que des personnes plus intéressées qu'intelligentes, ont créée et sur laquelle elles spéculent.

Le Liban sera heureux d'accepter la collaboration de la France ; bien plus il la sollicitera le jour où, maître de ses destinées, il n'aura plus à craindre l'action néfaste d'un fonctionnaire ou d'un spéculateur qui, à la faveur de l'amour du Libanais pour la France, voudra porter une main sacrilège au sanctuaire de ses libertés.

Le 25 mai 1919, le Gouvernement libanais publiait, dans son *Journal Officiel*, un communiqué dont nous détachons le passage suivant :

Le Gouvernement libanais a décidé :

1° De proclamer l'Indépendance politique et administrative du Liban, dans ses frontières naturelles et historiques ;

2° D'y constituer un gouvernement démocratique sur les trois bases suivantes : *Liberté, Egalité, Fraternité.*

De nouveau le patriarche maronite, Mgr Hoyëk, est chargé de venir plaider la cause du Liban à la Conférence de la Paix ; voici, à titre documentaire, la formule d'une des procurations qui lui furent remises :

Nous, habitants de Zouk-Mikaël, du cada du Kesrouan, exposons à Votre Béatitude, ce qui suit :

Vous connaissez notre attachement à l'Indépendance du Liban, indépendance complète et absolue, pour la défense de laquelle nous sacrifierons ce que nous avons de plus précieux, notre vie même.

Des bruits circulent comme quoi cette indépendance serait menacée, nous prions Votre Béatitude de défendre, auprès de qui de droit, et de revendiquer l'indépendance entière et absolue du Liban, et la reconstitution de son unité territoriale dans ses frontières naturelles. Vous êtes en cela notre seul représentant et nous protestons contre quiconque s'arroge ce droit et nous considérons ce qui pourra être fait, contre cela, comme nul et non avenu.

Fait le 14 juin 1919.

Mgr Hoyek déclarait lui-même, le lendemain de son arrivée à Paris, le 23 août 1919, au journal le *Matin* :

Mon voyage à Paris a un triple but :

Tout d'abord demander pour le Liban *l'absolue indépendance*, qu'il mérite et à laquelle il a droit.

En second lieu, réclamer la restitution au Liban, de ses limites naturelles et historiques, telles qu'elles ont été tracées par l'état-major français dans la carte de 1862.

Enfin, nous voulons affermir et continuer plus intimement que jamais, nos relations avec la France.

De tout ce qui précède, il ressort :

1° Nul n'ayant travaillé pour la reconstitution du Liban, intellectuellement et politiquement plus que les Libanais eux-mêmes, nul par conséquent ne possède autant de droits et plus d'intérêts qu'eux sur leur propre territoire.

2° Le Liban a un patrimoine moral qu'il tient à garder et à développer et qui comprend des amitiés précieuses que des siècles d'épreuves et de vicissitudes ont laissées intactes. Il a tout lieu d'espérer que ces amitiés, loin d'être invoquées contre lui, agiront au contraire en vue de lui permettre de s'asseoir, en maitre, dans ses foyers reconstitués.

3° Le Liban moderne, née de l'idée de Fakr-Eddine Ma'n a toujours lutté pour l'indépendance, qu'il revendique actuellement de toute la force de sa volonté et de ses traditions.

4° L'indépendance du Liban est solidaire de l'indépendance de la Syrie et des pays arabes. Les Libanais tiennent à affirmer cette solidarité, et à collaborer avec leurs frères de race et de langue, en dépit de l'isolement momentané, où ils sont obligés de se maintenir encore sur le terrain des institutions politiques.

LE TESTAMENT DES MARTYRS

Après cinq ans d'épreuves, la Syrie, le Liban, l'Irak et la Palestine ne sont plus qu'un immense cimetière. Sur la pierre tumulaire, il est peut-être un mot qui caractérise chaque victime, mais sur toutes on peut inscrire ces mots :

Mort pour la résurrection de sa nation !

Mort pour l'avenir !

LE DRAME

Les premières arrestations

Le 23 juillet 1915, le *Temps* publiait cette information :

Nous avons relaté il y a quelques jours l'arrestation des chefs du parti réformiste à Beyrouth. D'autres mesures de même gente ont été prises, dans plusieurs centres importants, à Jaffa, à Damas, à Balbeck. Les nouvelles informations mentionnent un mouvement révolutionnaire qui se préparerait contre le gouvernement turc. La découverte de ce complot aurait motivé ces mesures qui atteignent les personnalités les plus respectables de la Syrie.

Le 5 août 1915, le *Temps* écrivait encore :

Le mouvement arabe semble plus important qu'on ne le pensait tout d'abord. Tous les jours, les autorités turques découvrent l'existence de *nouvelles sociétés qui travaillent dans l'ombre pour l'instauration d'un gouvernement arabe.*

Vingt-six chefs viennent d'être arrêtés et traduit devant la Cour Martiale, siégeant à Aley, au Liban. Douze ont été condamnés à la peine capitale et les autres à la prison.

Le *Temps* du 13 août annonce de même trente-cinq arrestations, et toutes ces personnalités, les plus en vue de la Syrie, sont traitées dans leurs cachots avec une extrême rigueur.

La Cour martiale avait en effet prononcé douze condamnations à mort, dont une par contumace contre Abdel-Gani Al-Ureissi, qui s'était enfui dans le désert de Syrie.

Premières exécutions de Beyrouth

Le *Temps* du 24 septembre 1915 écrit :

La potence fut dressée sur la place de la Liberté, à Beyrouth. Onze notables furent pendus, à six heures du matin, en présence de Riza pacha. Leurs corps restèrent suspendus au gibet pendant six heures, après quoi, ils furent jetés à la fosse commune dans les sables de Ras Beyrouth.

Voici le nom des victimes :

ABDEL-KARIM AL-KHALIL.	ALI AL-ARMENAZI.
MOHAMMAD AL-MEHMESSANI.	SALEH HAÏDAR.
MAHMOUD AL-MEHMESSANI.	NAYEF TELLO.
ABDEL-KADER AL-KHARÇA.	SALIM ABDUL-HADI.
MOUSSALLAM ABEDINE.	NOURI AL-CADI.
MAHMOUD AL-ADJASI.	

Le 9 octobre, le *Temps* écrivait :

Parmi les onze pendus, par ordre des autorités turques, sur la place de Beyrouth, se trouvait un jeune licencié en droit de la Faculté de Paris, Mohammed-Al-Mehmessani. Cœur ardent et intelligence d'élite, il était comme l'âme du libéralisme musulman, tendant à un rapprochement islamo-chrétien. C'était surtout un disciple fervent de l'idée et de la civilisation arabes, dont il rêvait la restauration sur cette terre syrienne qui en fut le berceau et où elle trouva son premier épanouissement. Ce fut là son crime et ce qui provoqua sa fin tragique.

Debout sur l'escabeau fatal et la corde au cou, à l'exécuteur qui lui demandait ses dernières paroles, il exprima le désir de parler à la foule massée autour de son gibet :

A cette heure suprême, dit-il, je le proclame devant Dieu et devant les hommes, ces respectables citoyens qu'on s'apprête à exécuter sont innocents, je suis le seul coupable... Je suis coupable, si c'est un crime d'aimer la liberté et de vouloir l'affranchissement de ma patrie. L'affranchissement, je l'ai voulu, et, loin de m'en repentir, je suis heureux d'en être la première victime. Notre conscience se révolte, nous Arabes, descendants d'une des plus belles civilisations du monde, en pensant à l'abaissement où nous ont menés les hordes barbares des tribus anatoliennes et nous en avons assez du joug humiliant des Turcs !...

A ces mots la main du bourreau s'abattit lourdement sur les lèvres du courageux jeune homme, qu'elle ensanglanta. Le martyr poursuivit quand même de sa voix la plus haute :

— Nous en avons assez de votre esclavage ! C'est en vain qu'on nous assassine, l'idée que nous poursuivons nous survivra !...

Il voulait parler encore. Une lutte s'engage entre lui et le bourreau...

Et ce fut le tour des autres. Ils moururent avec un courage stoïque.

La foule s'écoula silencieuse... Beyrouth sembla une ville morte, où ne vivait que les onze gibets dressés sur cette place que les Turcs eux-mêmes, ont appelée : place de la Liberté !

Cette place, en effet, justifie son nom, puisque c'est là que va naître, dans le supplice, la liberté d'un peuple. C'est la première étape de cette marche tragique qui va mener la nation arabe jusqu'aux cimes radieuses de l'Indépendance.

Les exécutions au Liban

Un communiqué officiel turc annonçait :

Le mardi, 5 Cha'bâne 1334 (4 juin 1916), à 4 heures du matin, ont été exécutées les personnes dont les noms suivent :

Philippe fils de Ka'dâne Al-Khazen et son frère Farid, fils de Ka'dâne Al-Khazen du cada de Jounieh, et Hassan, fils de Hussaïn Derhâne de Darkesch, cada de Safita. L'opération eut lieu sur la place de la Liberté, à Beyrouth, après la lecture aux condamnés du jugement rendu par la Cour Martiale d'Aley.

L'indifférence avec laquelle le bourreau turc annonce le supplice des deux grands Libanais, côte à côte avec un bandit, est encore plus effrayante que le crime lui-même. Philippe et Farid Al-Khazen sont les pures et les plus belles victimes de l'idéal libanais; noblesse d'âme et noblesse d'origine, élévation de pensée et de caractère dans la vie et encore plus dans la mort, la fosse commune qui reçut leurs restes, en attendant le monument de la piété nationale, aura, pour l'immortaliser, une triple auréole : la beauté, la jeunesse et le martyre !

Le 13 juin 1916, le *Temps* écrivait :

L'archevêque maronite de Beyrouth, Mgr Pierre Chebli, après avoir été contraint à se retirer dans un monastère, fut traduit devant la Cour Martiale turque pour des soi-disant papiers compromettants trouvés dans les archives du Consulat de France, à Beyrouth. Il fut condamné à la détention perpétuelle et effectivement déporté.

Mgr Chebli est mort dans son exil à Adana, le

18 mars 1917. Fin prématurée et destinée tragique que celle de cette âme d'artiste, prise par le sacerdoce et tuée par la politique. Par une triste dérision du sort, Chebli laisse après lui une œuvre d'érudition inachevée et son beau talent, sa maturité d'écrivain n'auront servi qu'à laisser plus de regrets et à donner plus de valeur à son sacrifice.

Le 6 mars 1916, un notable de Beyrouth, Josep Hani, une belle et sympathique figure, montait sur l'échafaud par suite des mêmes papiers compromettants trouvés dans les Archives du Consulat de France.

Naklé Moutran est également compromis et, après un affreux supplice à Damas, auquel il survit, il est exilé à Orfa, où son gardien l'assomme par ordre de ses chefs. L'un et l'autre, Moutran et Joseph Hani, sont accusés d'avoir voulu rattacher Beyrouth et Balbeck au Liban.

Le Liban affamé

Le *Temps* du 27 juin 1916 écrivait :

Depuis bientôt quatre mois, les Turcs ont entrepris le massacre en masse des populations du Liban. Se rendant compte des difficultés du système appliqué pour l'extermination des Arméniens, et manquant sur place de la collaboration qu'ils trouvent ailleurs chez les Kurdes, ils ont bloqué la montagne comme une ville assiégée, arrêté tout ravitaillement, coupé toutes relations, et la famine a fait son œuvre ; et les cadavres s'entassèrent sur les places publiques et dans les maisons.

Un témoin oculaire rapporte, qu'ayant pénétré dans ce séjour fermé de la mort, il en est sorti après les péripéties les plus émouvantes. Il a parcouru le pays dans tous les sens, il s'est arrêté dans tous les bourgs et villages et a assisté aux scènes les plus effrayantes.

Au début des hostilités, les Turcs, craignant un soulèvement du Liban, l'avaient fait occuper par ses soldats. Puis ce
danger passé, l'activité des Alliés sur la frontière égyptienne
donna de fortes inquiétudes à Djemal Pacha, qui ne jugea pas
opportun de se créer des difficultés extérieures ; l'heure n'était
pas propice pour l'exécution du vaste plan de l'extermination
des chrétiens d'Orient ; et pourquoi ne pas le dire? l'Autriche, qui avait encore quelque influence morale, ne fut pas
sans intervenir pour complaire à la curie romaine. Maintenant, toutes les préoccupations des Turcs, sont dissipées ;
l'Autriche s'est estimée satisfaite de ses velléités de protection,
Enver pacha est allé s'assurer en personne si tout était prêt
pour la mise à exécution du crime : tout semblait propice, et
ces pauvres populations, abandonnées des hommes, se trouvaient pieds et poings liés à la merci du cimeterre turc.

Cependant, par un raffinement d'hypocrisie, on chercha encore un prétexte. La presse a déjà parlé de l'affaire des archives
du Consulat de France à Beyrouth. C'était de la part des
agents français une imprudence, et de la part du Consul des
Etats-Unis une complaisance, que nous nous dispensons de
qualifier. Nous laissons, à ceux qui en ont le devoir le soin
d'établir les responsabilités.

Les suites de cette affaire, qui fut à peine remarquée en
son temps, ce sont l'arrestation de tout l'épiscopat maronite,
la déportation de plus de 4.000 notabilités du Liban, de Beyrouth et de Balbeck, des exécutions et des pendaisons dont le
détail ne nous est point parvenu encore, et enfin, le blocus du
Liban et l'extermination de sa population par la faim. Au
blocus maritime des alliés, les Turcs ont répondu par le blocus
continental, et cette jeunesse qui, de toutes les nations étrangères, s'est le mieux assimilé la culture française, expire maintenant sur ses cimes, comme des chiens errants, les yeux fixés
sur un ciel vide.

Le témoin oculaire qui a visité le Liban a parlé de plus de
60.000 victimes jusqu'au 10 mai 1916, date de son départ.
L'imagination effrayée n'ose se représenter les terribles ravages
que, depuis cette époque, le double fléau, le Turc et la famine,
a pu faire, et l'on se demande avec une poignante angoisse si,
à l'heure présente, il reste encore un être vivant dans cette
région autrefois la plus peuplée, la plus prospère et la plus
civilisée de tout l'Orient.

Les exécutions dans l'Irak

Le *Temps*, en date du 10 décembre 1916, écrit :

Le général Nour-Eddine pacha, qui commandait les forces turques en Mésopotamie et concentrait entre ses mains l'autorité civile et militaire, a fait passer par les armes, mille cinquante-cinq personnes, dont la plupart appartenaient à la jeunesse libérale de Bagdad. Beaucoup d'autres ont été pendues ou sont mortes de faim dans les déserts.

Lorsque Khalil bey, successeur de Nour-Eddine, s'empara de Kout-al-Imârat, il fit pendre quarante notables de la ville et livra leurs femmes aux soldats et officiers turcs. Ces malheureuses ne survécurent point à leur honte. Elles se jetèrent à l'eau et l'on vit leurs cadavres charriés par le Tigre, passer à travers les rues de leur ville natale.

Le 12 décembre, le *Temps* écrivait également :

Après les Arméniens et les Syriens, c'est l'extermination des autres petites nationalités chrétiennes de Turquie, qui se poursuit systématiquement : La ville de Mardine et sa région viennent d'être le théâtre d'une affreuse scène de carnage dont les Nestoriens ont été les victimes.

Le 21 février 1917, le *Temps* écrivait :

Sept bataillons turcs, sous le commandement de Akif bey, viennent de réduire en cendres, la petite ville florissante de Hillé. Sa population a été exterminée par les supplices et les massacres. De rares survivants ont pu échapper au désastre et arriver à Bassora. Hillé a 30.000 habitants.

Les atrocités de Médine

Le *Temps* du 23 décembre 1916 écrit :

> L'émir Faïçal, commandant des forces arabes sous les murs
> de Médine, communique par dépêche, que les Turcs ont redou-
> blé de cruauté dans la ville sainte. De malheureux innocents
> ont été menés au supplice pour terroriser la population. Des
> enfants, des femmes, des vieillards ont été conduits sur le front
> et opposés comme un rempart aux forces arabes. La tribu des
> Awalis a été traitée avec une cruauté révoltante : les femmes
> ont été déshonorées et enlevées ; les hommes qui ont essayé de
> se défendre ont été exterminés et les autres soumis aux travaux
> forcés.

Nouvelles exécutions à Damas et à Beyrouth

**Le 5 zedjeb 1334 (7 mai 1916), Djémal pacha,
ministre de la Marine turque et commandant en chef
de la IV⁰ armée, pour se justifier des atrocités qu'il
venait de commettre, publie un manifeste où, en guise
de conclusion, après avoir étudié le plan de la grande
conspiration arabe, il déclare :**

> *Après enquête faite et l'instruction du procès, la cour mar-
> tiale d'Aley a prononcé les condamnations suivantes, contre les
> prévenus, détenus ou contumaces, suivant leur degré de culpa-
> bilité et leur participation au complot de cette Association qui
> a pour fin et but d'arracher la Syrie, la Mésopotamie et la
> Palestine à l'empire ottoman pour y ériger une principauté
> indépendante.*

Ont été condamnés à mort :

CHAFIC MOAYAD AL-AZM.
EMIR OMAR, fils d'ABDEL-KADER.
OMAR MOSTAPHA HAMAD.
RAFIK RIZK SALLOUM.
MOHAMMAD HUSSAIN CHANTI.
CHECRI BADRI ALI AL-ASLY.
ABDEL- GANI AL-URAÏSSI.
AREF AL-CHEHABI.
TAOUFIC AL-BASSATII.
SAÏF-EDDINE AL-KHATIB.
CHAÏB AHMAD TABBARA.
ABDEL-WAHHAB AL-INGLISI.
SAÏD FADEL AKL.
PETRO PAOULI.
GIORGI MOUSSA HADDAD.
SALIM DJÉZAÏRI.
ALI HAGE OMAR.
ROUCHDI CHAM'A.
AMIN LOUTFI HAFIZ.
DJÉLAL BOUKHARI.

Ont été exécutés à Damas :

Chafic Al-Moayad. — L'Emir Omar. — Checri Al-Asli. — Abdel-Wahhab Al-Inglisi. — Rouchdi Cham'a. — Rafic Rizk Salloum.

Le sénateur Abdel-Hamid Zahraoui, amené de Constantinople, fut également condamné et exécuté le même jour à Damas.

Les autres condamnés subirent leur supplice à Beyrouth.

Le *Temps* du 8 décembre 1916 écrit à ce propos :

Les notabilités qui furent exécutées connurent leur condamnation, quatre jours avant le supplice. Les unes, ramenées en automobile d'Aley, où elles furent jugées, à Beyrouth, ne cessèrent tout le long de la route, de faire entendre des chants patriotiques ; les autres transportées à Damas par le chemin de fer, furent logées à la caserne pour être conduites, à minuit, au gibet. L'émir Omar, fils d'Abd-el-Kader, qui était du nombre, quitta son compartiment avec son ami Abd-al-Vahhab, à l'arrêt de Zabadoui, pour contempler une dernière fois la campagne de Damas. Une de leurs connaissances, qui se trouvait là, vint à eux et leur demanda : « Quoi de nouveau » Abd-al-Wahhab se contenta de porter la main à son cou et d'esquisser avec un sourire sur les lèvres un geste d'étranglement.

Ils moururent tous avec un courage calme et digne. Le plus âgé parmi eux, Chafic Al-Moayad, s'adressant à la foule lui parla de la noblesse de la cause pour laquelle ils mouraient. Il se fit réciter les premiers versets du Coran et tendit sa tête au bourreau. On entendit Cheeri Al-Asli balbutier ces paroles du livre sacré : « Ne croyez pas que Dieu ignore ce que font les tyrans. »

**

A Beyrouth, les condamnés à mort furent réveillés à trois heures du matin. Couchés dans la même chambrée, on les avait revêtus, la veille, de grandes chemises blanches.

Mes amis, leur dit Salim Djézaëri, colonel d'état-major, si nous étions morts tranquillement dans notre lit, nous aurions eu un père, une mère ou d'autres parents pour nous pleurer. Mais sur ce gibet où nous allons être suspendus, des milliers d'hommes et de femmes porteront leurs regards vers nous ; toute une nation nous pleurera avec des larmes de sang, la nation arabe dont la vie grandira par notre mort !

— Nous mourons pour la patrie ! s'écrièrent les condamnés. Allons ensemble au supplice !

Et, tous, ils entonnèrent l'hymne célèbre de la *Renaissance Arabe*, qui avait été longtemps chanté dans les comités secrets :

Nous sommes les fils de glorieux ancêtres.

Et pendant que le chant retentissait encore, les victimes sont conduites, trois par trois, au supplice. Le chant continue à ébranler les voûtes de la prison, jusqu'à ce que le dernier conspirateur eût expiré, et ses notes vibrantes s'étendaient sur la ville silencieuse et terrifiée, comme un appel de l'au-delà, comme la voix suprême de cette race arabe que quatre siècles d'oppression barbare n'ont pu tuer et qui renaissait à la vie dans un douloureux enfantement.

Celui que l'épée a épargné, dit Petro Paouli en montant au gibet, meurt balancé au bout d'une corde. Les causes sont diverses, mais c'est la même mort.

Giorgi Haddad, avec non moins de courage et de mépris pour la mort, repousse d'un coup de pied l'escabeau fatal.

Saïd Akl, jeune et beau talent, dit avec sérénité à son médecin :

— Je pardonne à nos oppresseurs ! Dieu fasse que mon sang que je sacrifie, jusqu'à la dernière goutte aujourd'hui, soit, demain, un principe de vie pour mon pays et un sujet d'honneur pour ma famille et pour mes enfants !

Omar Hamad dit aux représentants de l'autorité turque :

Vous sapez vous-même les bases de votre empire. Je meurs sans peur et sans reproche pour la Nation arabe !

Abdel-Gani Al-Uressi, qui avait demandé à aller au supplice avec son ami Arif Al-Chehabi, pour rester unis dans la mort comme ils le furent dans la vie, dit :
Les empires se fondent sur les crânes ! Les nôtres seront les premières assises de notre indépendance !

Le jour s'était levé et éclairait les onze cadavres

légèrement balancés par la brise du matin, quand Tou-
fic Al-Bassath arriva. Il jeta un regard illuminé sur
les gibets :

Salut ! balançoires des héros, dit-il. Vos poteaux, ce sont les
sublimes piliers de l'édifice de notre indépendance future et
j'ai hâte d'y monter.

Au bourreau qui voulait lui enlever ses lunettes, le
colonel Salim Djézaéri, en uniforme militaire, dit d'un
ton de commandement :

Je veux mourir comme j'ai commandé mes soldats ! Dites
à ce vile Djémal qu'il ne s'abandonne pas trop à la joie
de me voir mourir, mon âme vivra, l'âme de toute ma vie ; et,
par-delà la tombe, elle inculquera aux Arabes l'amour de leur
nation et la haine du Turc !

Oui, leur âme vivra, leur âme vit dans l'âme de
tous ceux dont la jeunesse fut bercée aux accents har-
monieux de cette belle langue arabe. Nous pleurons
amèrement leur mort, mais c'est dans le sang humain
que les grandes idées naissent, vivent et se dévelop-
pent. Plus l'enseignement vient de haut, plus sa portée
est grande et son rayonnement est d'autant plus éclatant qu'il se trouve projeté du sommet d'un échafaud !

Cette association, avait dit Djémal pacha, cette association qui a pour fin et but d'arracher la Syrie, la Mésopotamie et la Palestine de l'empire ottoman, pour y ériger une principauté indépendante....

Voilà le testament ensanglanté que laissent les immortels martyrs de la cause arabe, voilà l'idée pour laquelle ils ont vécu et pour laquelle ils sont morts !

LA RÉVOLTE

L'âme syrienne est saturée de l'idée arabe, comme la terre du sang de ses martyrs, quand la révolte éclate, le 10 juin 1916, à La Mecque.

La Mésopotamie, la Syrie, le Liban et la Palestine ont apporté leur contribution à l'œuvre commune et payé l'impôt du sang. Toutes ces régions ont un droit égal au résultat de l'effort collectif, toutes ont un droit égal à la même Indépendance.

I

LES NÉGOCIATIONS

L'émir Abdallah, fils du roi Al-Hussaïn, et ministre des Affaires étrangères du Hedjaz, a dit, dans des déclarations reproduites dans le *Temps* du 5 décembre 1916 :

A la suite des atrocités que Djémal pacha commettait en Syrie, le chérif y a dépêché son fils, l'émir Faïçal, pour intercéder en faveur des Arabes persécutés, arrêter les exécutions, ou tout au moins les ajourner. Loin de faire honneur à l'intervention de l'émir arabe, Djémal pacha essaya de le faire arrêter et pendre et redoubla ses persécutions.

Au retour de l'émir Faïçal, le chérif réunit les notabilités du Hedjaz, au nombre de 400, et leur exposa la situation. Elle était devenue fort critique, la population commençait à manquer même de pain et les chefs du Hedjaz décidèrent de proclamer l'indépendance.

— Si vous voulez mettre à votre tête un autre chef, leur dit le chérif, je suis le premier à lui offrir le concours de mon épée et à le reconnaître !

A l'unanimité, les chefs des tribus proclamèrent le chérif Hussaïn, fils d'Ali, leur chef suprême.

Pendant son séjour à Damas, l'émir Faïçal s'étant rendu compte des véritables intentions des Unionistes à l'égard de l'élément arabe, se mit en contact avec les comités secrets arabes, notamment Al-Ahd, et tomba d'accord avec eux sur une action commune, en vue de la libération, dont il serait le chef et dont le centre serait le Hedjaz.

Djémal pacha, en ayant conçu des soupçons, procéda aussitôt à l'éloignement des officiers arabes, notamment du 37ᵉ régiment.

* *

Mais déjà le chérif Hussaïn, en relation avec les comités arabes civils ou militaires et, imbu de leurs idées, avait préparé les voies au soulèvement en traitant avec les représentants de la Grande-Bretagne. Au mois de juillet 1915, il s'était mis en contact avec eux, et leur avait formulé des propositions concernant l'*Indépendance des Arabes*, sur le territoire s'étendant depuis Mersine et Adana, passant par le 37ᵉ degré de latitude, jusqu'à la frontière persane, jusqu'au golfe de Bassora avec le reste de la presqu'île arabique, exception faite d'Aden, suivant le développement des côtes de l'Océan Indien, de la mer Rouge et de la Méditerranée, jusqu'à Mersine.

Le 30 août 1915, sir Henry Mac Mahon, résident britannique au Caire, répondait évasivement, en faisant observer que la discussion des frontières futures était prématurée.

Dans une lettre du 9 septembre, transmise au Fo-

reign Office, le 18 octobre, par sir Henry Mac Mahon,
le chérif insistait pour qu'on discutât immédiatement
la question des frontières. En transmettant cette lettre,
sir Henry Mac Mahon rapportait une déclaration faite
à lui par le représentant du chérif en Egypte et ainsi
conçue :

« L'occupation par la France des districts purement
arabes d'Alep, Hamah, Homs et Damas se heurterait
de la part des Arabes à une résistance par les armes,
mais, ces districts exceptés, ils accepteraient quelques
modifications des frontières nord-ouest proposées par
le chérif de La Mecque. »

Le 24 octobre 1915, sir Henry Mac Mahon, sur
l'ordre de son gouvernement, adressait au chérif une
lettre contenant la note suivante :

« Les districts de Mersine et d'Alexandrette, et les
parties de la Syrie situées à l'ouest des districts de
Damas, Homs, Hamah et Alep ne peuvent être consi-
dérés comme purement arabes et doivent être exclus
des limites et frontières envisagées. Avec les modifications ci-dessus, et sans préjudice de nos traités actuels avec les chefs arabes, nous acceptons ces limites
et frontières ; et en ce qui concerne, à l'intérieur de
ces limites, les parties de territoires où la Grande-Bretagne est libre d'agir sans porter atteinte aux intérêts
de son alliée, la France, je suis autorisé par le gouvernement britannique à vous donner les assurances
suivantes et à faire la réponse suivante à votre lettre :

« Sous réserve des modifications ci-dessus, la Grande-
Bretagne est disposée à reconnaître et à soutenir l'indépendance des Arabes à l'intérieur des territoires
compris dans les limites et frontières proposées par le
chérif de La Mecque. »

7

Le 5 novembre 1915, le chérif répondait qu'il consent à l'exclusion de Mersine et d'Adana, mais il continuait à réclamer les autres territoires et notamment Beyrouth.

Le 13 décembre, sir Henry Mac Mahon prenait acte de la renonciation du chérif à Mersine et Adana.

Le 1er janvier 1916, le chérif faisait connaître qu'il renonçait, pour ne pas troubler l'alliance franco-britannique, à insister pendant la guerre sur ses revendications concernant le Liban ; mais il annonçait que, la guerre terminée, il les ferait valoir à nouveau.

Le 30 janvier 1916, sir Henry Mac Mahon prenait acte du désir du chérif d'éviter tout ce qui pourrait nuire à l'alliance entre la France et la Grande-Bretagne, *et l'avertissait que cette amitié entre la Grande-Bretagne et la France serait maintenue après la guerre.*

II

LES OPÉRATIONS MILITAIRES

Pendant que ces négociations se poursuivaient, de jeunes officiers arabes venus pour la plupart de la Mésopotamie, après avoir échappé à l'armée turque, se groupaient à La Mecque. De tous côtés les volontaires affluaient, les uns faisaient dix jours, vingt jours, trente jours et jusqu'à cent jours de marche à pied à travers les déserts pour rejoindre ce premier noyau qui va constituer l'armée arabe. Les uns venaient de Bagdad, les autres de Damas, de Babeck ou d'Alep, et passaient parfois par le Caucase, la Perse et les Indes, les autres venaient d'Egypte, du Soudan ou de la Mésopotamie.

Le Comité Al-Ahd a joué un rôle prépondérant dans l'organisation et fournit les premiers et les principaux chefs du soulèvement.

La révolte se déclare le 10 juin 1916, et les casernes sont cernées de bonne heure. Lorsque le commandant turc demande des informations, le lieutenant du Chérif lui signifie que le pays a proclamé son indépendance.

Le 11 juin le premier fort turc se rend. L'ensemble de la campagne des Arabes est donné dans ce résumé

fait au *Temps*, par le général Noury, au nom de l'émir
Faïçal et qui parut le 11 décembre 1919 :

Les opérations de guerre auxquelles nous avons pris part
peuvent, en somme, se diviser en trois périodes.

Pendant la première, qui comprit l'année 1916 et la première
moitié de 1917, l'effort de l'armée arabe s'est concentré dans
la région de Médine. A cette époque, nous n'avions pas encore
d'armée régulière et nous avions affaire à des Turcs très for-
tement retranchés aux alentours de la ville sainte. Nous dûmes
d'abord nous borner à surveiller les différentes routes qui
relient Médine à La Mecque et à établir notre base principale
dans le port de Rabegh, où le général Noury organisa un premier noyau d'armée régulière.

Pendant l'hiver de 1916 à 1917, nous eûmes à repousser une
attaque générale des Turcs dont l'objectif était de prendre
le port de Yambo, au nord de Rabegh. Nous réussîmes à les
repousser, tandis que l'émir Abdallah, s'avançant à l'est de
Médine, tournait ensuite la ville par le nord. Pendant qu'il
prenait position au nord de la ville sainte, je gagnai moi-même
le port de El-Wej, d'où j'envoyai une série d'expéditions pour
tenter de couper la ligne du Hedjaz dans toute la région comprise entre El-Hamra et Tebouk. Nous n'obtînmes là que des
succès passagers, car les Turcs avaient établi sur le chemin de
fer trois fortes bases, dont les deux principales étaient Tebouk
et Mâ'an, reliées par de nombreux petits postes qui pouvaient
se prêter rapidement un appui efficace et rétablir la ligne dès
qu'elle avait été coupée.

Les choses changèrent avec le commencement de la deuxième
période qui s'ouvrit en juillet 1917 quand, ayant soulevé les
Bédouins de cette région, nous réussîmes à mettre la main sur
le port d'Akaba, très solidement tenu jusqu'alors par un
bataillon turc. Je me transportai alors à Akaba, dont nous
fîmes notre base et où nous entreprîmes d'organiser deux divisions régulières pourvues d'artillerie. Les difficultés étaient
néanmoins fort loin d'être vaincues. Les canons qui nous
étaient fournis étaient modernes, mais un peu lourds. Il était
surtout malaisé d'organiser des moyens de transport dans des
régions où l'artillerie doit être transportée à dos de chameaux.
De leur côté, les Turcs étaient abondamment fournis d'artillerie

et pouvaient, grâce à leur chemin de fer, opérer de rapides concentrations pour nous attaquer.

C'est ce qu'ils firent à deux reprises, en septembre 1917. Ils attaquèrent d'abord sur Akaba, puis sur Pétra. Nous les repoussâmes, sans pouvoir néanmoins songer à les poursuivre, notre organisation n'était pas terminée. Cependant, dès le mois d'octobre, le général Noury fit un raid au nord de Mâ'an et prit Jauf-el-Dervich, où il captura des hommes et du matériel, mais où il ne put se maintenir. En novembre, les Turcs nous attaquèrent avec l'appui de troupes allemandes. Leur énorme supériorité d'artillerie nous obligea à battre en retraite. Les forces anglaises, avec qui nous opérions désormais, les attaquèrent alors à Amman, à l'est du Jourdain, pour nous dégager.

Ils se virent assaillir alors par les Turcs en mars 1918 et furent obligés de se retirer à l'ouest du Jourdain. Nous prîmes à notre tour l'offensive, en choisissant comme objectif la ville de Mâ'an, qui était, sur le chemin de fer, le centre principal de la résistance turque. Nous réussîmes, au mois d'avril 1918, à isoler Mâ'an en nous emparant des stations situées au nord et au sud de cette ville. Attaquant ensuite la ville elle-même, nous emportâmes la hauteur qui la domine à l'ouest, et nous arrivâmes jusqu'aux portes mêmes de la cité, prenant 3.000 hommes, 40 mitrailleuses et 4 canons. Faute de munitions, nous ne pûmes néanmoins emporter Mâ'an elle-même et dûmes nous contenter de l'assiéger.

Les opérations décisives, qui constituent la troisième période, s'ouvrirent, ainsi que vous le savez en septembre 1918. Le général Allenby me donna alors la mission de préparer l'attaque des forces alliées, en attaquant moi-même sur Deraa. Prévoyant notre mouvement, les Turcs avaient envoyé contre nous deux de leurs divisions de réserve. Ils tentèrent de nous repousser des positions que nous occupions près de Mâ'an, mais ne réussirent que momentanément à y reprendre pied. Nous les chassâmes par une contre-attaque.

Malgré les difficultés d'une traversée du désert, qui n'était possible qu'à condition d'emporter trente jours de vivres, je partis pour Deraa en traversant la région située à l'est du chemin de fer avec les troupes montées, comprenant environ 1.000 méharistes, plus de 3.000 auxiliaires, vingt-quatre mitrailleuses, deux autos blindées et une batterie française de 65 de montagne. J'ai été particulièrement heureux d'avoir ainsi la coopération des Français qui, d'ailleurs, ont joué au cours de ces opérations, et notamment sur mer, un rôle très efficace.

Le 17 septembre, nous coupions la ligne à dix kilomètres au nord de Deraa, puis, aussitôt après, la ligne de Deraa à Caïffa, si bien que le 18 au matin, la garnison de Deraa se trouvait isolée. L'attaque générale des forces britanniques se produisit le lendemain. Les Turcs, ayant aussitôt envoyé contre nous une partie importante de leurs forces, n'avaient laissé devant l'aile gauche du général Allenby qu'un rideau qui fut aussitôt bousculé.

Notre rôle à partir de ce moment consista à achever la défaite des Turcs. La 4ᵉ armée turque était massée dans la région Es-Salt ; nous nous postâmes sur la route des colonnes turques battant en retraite, faisant des prisonniers et capturant du matériel. Devançant nos alliés anglais, nous prenions position plus au nord, attaquant le 26 et le 27 septembre les colonnes turques, au fur et à mesure qu'elles se présentaient. En même temps, le 28 au matin, nos forces régulières occupaient Deraa, où une division anglaise nous rejoignait et nous ravitaillait en munitions.

Je décidai alors de marcher sur Damas. Le 29 septembre, les forces arabes étaient à Cheikh-Miskin. Le 30, elles enlevaient les tranchées turques, à 15 kilomètres au sud de Damas, défendues par les dernières troupes ennemies encore organisées. Le 1ᵉʳ octobre, nous entrions à Damas, ayant fait entre Deraa et Damas 9.000 prisonniers, pris huit canons et cinquante-quatre mitrailleuses.

Le général Allenby, dont j'avais suivi les directives, me donna une nouvelle mission qui était d'achever d'expulser les Turcs du nord de la Syrie. Le 14 octobre, nous occupions Homs, le 16 Hamah. Pour empêcher les Turcs de se ressaisir, nous décidâmes d'attaquer aussitôt Alep, bien que la ville fût occupée par 3.000 réguliers turcs, soutenus de deux batteries, et que je n'eusse plus d'artillerie à ma disposition, mais seulement huit autos blindées anglaises.

Pour prendre Alep, nous fîmes une démonstration par le sud, la principale attaque devant avoir lieu par le nord. Nos irréguliers, au nombre de 300, pénétrèrent dans la ville par le nord le 25 octobre au soir avec huit mitrailleuses, prirent la citadelle et le palais du gouverneur et livrèrent un combat furieux, ne

perdant que 54 hommes, alors que nous pûmes compter dans les
rues jusqu'à 400 cadavres turcs. Le 26 au matin, au moment où
nous attaquions le reste de la ville, les Turcs se décidèrent à
battre en retraite. La cavalerie anglaise nous rejoignit le 27, et
le même jour, nous commençâmes la poursuite, les Anglais
marchant à l'ouest du chemin de fer, et nous à l'est. Nous
réussîmes ainsi à occuper la jonction du chemin de fer de Bagdad
au nord d'Alep. C'est là que nous apprîmes deux jours après
que la Turquie avait signé l'armistice.

La guerre que nous avons faite ne saurait se comparer à la
vôtre. Néanmoins, nous avons eu à vaincre les difficultés de la
nature plus encore que la résistance des hommes. Je crois que
nous avons joué un rôle efficace. De Mâ'an à Alep, nous avons
parcouru en deux mois, dans les conditions les plus dures, même
pour des hommes habitués au désert, une distance de plus de
700 kilomètres, et cela en combattant presque chaque jour.

L'ARMISTICE EN ORIENT

Le jeudi 31 octobre 1918, les hostilités cessèrent en vertu d'une armistice, dont voici les clauses :

1° Ouverture des Dardanelles et du Bosphore et libre accès de la mer Noire. Occupation par les Alliés des forts du Bosphore et des Dardanelles.

2° Obligation de révéler les positions et tous les champs de mines et tubes lance-torpilles et autres engins contre la navigation dans les eaux turques et de donner assistance pour les faire disparaître à la réquistion des Alliés.

3° Donner toutes informations en ce qui concerne les mines posées dans la Mer Noire.

4° Rassemblement à Constantinople et remise sans condition aux Alliés de tous les prisonniers de guerre et des Arméniens internés.

5° Démobilisation immédiate de l'armée turque à l'exception de telles troupes qui seraient nécessaires pour la surveillance des frontières et pour le maintien de l'ordre intérieur. Les effectifs appelés à les composer devant être déterminés ultérieurement par les Alliés après consultation avec le gouvernement turc.

6° Reddition de tous les navires de guerre se trouvant dans les eaux turques ou dans les eaux occupées par la Turquie.

Internement de ces navires dans le ou les ports turcs qui pourraient être indiqués à l'exception des navires de faible tonnage nécessaires pour la police ou autres objets du même genre dans les eaux territoriales turques.

7° Droit pour les Alliés d'occuper tous les points stratégiques en vue de toute éventualité de nature à menacer la sécurité des Alliés.

8° Usage libre par tous les Alliés de tous les ports et ancrages occupés par les Turcs et interdiction de leur usage par l'ennemi. Les mêmes conditions s'appliquent aux navires de commerce turcs se trouvant dans les eaux turques pour les transports commerciaux et la démobilisation de l'armée.

9° Usage pour les Alliés de tous les ateliers navals de réparation existant dans les ports et arsenaux turcs.

10° Occupation par les Alliés des tunnels du Taurus.

11° L'évacuation immédiate des troupes turques se trouvant dans le Nord-Ouest de la Perse jusqu'à la frontière d'avant-guerre a été commandée et a été déjà effectuée. Les parties de la Transcaucasie dont l'évacuation a été déjà commencée seront libérées par les troupes turques, le reste devant être évacué si les Alliés le demandent après qu'ils auront étudié la situation de ce pays.

12° Contrôle par les Alliés des stations de télégraphie sans fil et des câbles sous-marins.

13° Interdiction de détruire tout matériel naval, militaire ou commercial.

14° Obligation de faciliter l'achat de charbon, d'huile minérale et de matériel naval de provenance turque après que les besoins du pays auront été assurés.

15° Des officiers de contrôle alliés doivent être placés sur tous les chemins de fer y compris les parties des chemins de fer de Transcaucasie qui se trouvent actuellement sous le contrôle turc. Tous ces chemins de fer doivent être placés à la libre et complète disposition des autorités alliées qui auront la considération voulue pour les besoins de la population. Cette clause comprend l'occupation de Batoum par les Alliés. La Turquie ne fera aucune objection à l'occupation de Bakou par les Alliés.

16° Reddition de toutes les garnisons dans le Hedjaz, l'Assir, l'Yémen, la Syrie et la Mésopotamie au commandant de la plus prochaine force alliée et retrait des troupes de Cilicie à l'exception de celles qui sont nécessaires pour maintenir l'ordre ainsi qu'il est dit dans la clause n° 5.

17° Reddition à la garnison italienne la plus proche de tous les officiers turcs en Tripolitaine et en Cyrénaïque. La Turquie s'engage à cesser de communiquer avec ses officiers et de leur envoyer des approvisionnements s'ils n'obéissent pas à cet ordre de reddition.

18° Reddition de tous les points occupés en Tripolitaine, en Cyrénaïque, y compris Misourata, à la garnison alliée la plus proche.

19° Obligation de faire sortir dans le délai d'un mois des territoires turcs tous les Allemands et Autrichiens, officiers appartenant à la marine, à l'armée ou civils. Ceux qui sont dans les districts éloignés doivent être évacués le plus tôt possible.

20° Obligation de se conformer aux ordres qui peuvent être donnés en ce qui concerne la disposition des équipements, armes et munitions y compris les moyens de transports de la partie de l'armée turque qui doit être démobilisée aux termes de la clause 5.

21° Un représentant allié sera attaché au ministère turc des approvisionnements pour sauvegarder les intérêts alliés. Ce représentant recevra toutes les informations nécessaires à l'exécution de son mandat.

22° Les prisonniers turcs doivent être tenus à la disposition des puissances alliées. On prendra en considération la libération des prisonniers civils turcs et des prisonniers ayant dépassé l'âge militaire.

23° Obligation pour la Turquie de renoncer à toutes relations avec les Puissances centrales.

24° En cas de désordres dans les six vilayets arméniens, les Alliés se réservent le droit d'en occuper tout ou partie.

25° Les hostilités entre les Alliés et la Turquie cesseront à midi, heure locale, le jeudi 31 octobre 1918.

Les conventions qui suivirent l'armistice prévoyaient que la ville de Mossoul serait évacuée par les Turcs le 15 novembre; elle fut immédiatement occupée par le général Marshall. En outre, le 15 décembre, toute la Cilicie devait être évacuée.

IV

LES COMMENTAIRES DE LA PRESSE

A l'occasion de la prise d'Alep, le *Temps* du 29 octobre 1918, accompagnait le communiqué britannique du commentaire suivant :

27 octobre.

La cavalerie avancée britannique, ainsi que des automobiles blindées, a occupé Alep dans la matinée du 26 octobre, après avoir surmonté une faible résistance.

La marche victorieuse des troupes britanniques à travers la Syrie reçoit, par la prise d'Alep, son plein couronnement. C'est la capitale de la Syrie septentrionale, c'est le point de départ des antiques caravanes qui, des bords de la Méditerranée, s'en allaient à travers les routes ensoleillées de l'Orient, vers la Perse et les Indes, pour en rapporter les richesses à l'Occident, et c'est la dernière ville arabe que la magnifique vaillance des troupes du général Allenby délivre des mains des Turcs. Ainsi la libération est complète. Des rives de l'océan Indien aux rives de la Méditerranée, du massif iranien au Taurus arménien, les trois rameaux de la branche sémite, syrien ou assyrien, arabe et israélite se trouvent délivrés du cauchemar turc qui, depuis quatre siècles, pesait sur eux. Cette terre vénérable où l'humanité a voulu placer ses origines et où elle a pris conscience d'elle-même, qui, après avoir donné au monde la civilisation phénicienne, base lointaine de l'évolution moderne, lui donna encore les trois grandes religions spiritualistes qui se partagent l'humanité, le judaïsme, le christianisme et l'islamisme, cette terre, affranchie de la barbarie touranienne, est désormais appelée à de   velles destinées.

Partout, sur ce vaste territoire, c'est la même unité de race, la même unité de langue, la même unité de traditions dans le passé et d'aspiration dans l'avenir, unité que rien n'a pu entamer durant quatre siècles de misères, de souffrances et de persécutions. C'est la victoire de Marge Dabek dans la région d'Alep, qui donna en 1516 la Syrie à Sélim, sultan des Turcs, et c'est l'entrée des troupes britanniques à Alep, le 26 octobre 1918, qui marquera la fin de la conquête.

Le Turc a pu détruire la prospérité de la Syrie. Partout où passait son cheval, l'herbe ne croissait plus et le désert naissait, mais il fut impuissant à tuer l'âme de la race syro-arabe, cette âme qui avait créé Damas et Bagdad, le Caire et Cordoue. Avec l'ère moderne, une grande renaissance s'était effectuée malgré la tyrannie. Et maintenant que le spectre turc est terrassé par ces nouveaux croisés du droit, cette immense espérance qui a traversé l'âme des opprimés séculaires est à la veille de sa réalisation définitive.

De son côté, *Le Times* du 27 novembre 1918, à la suite d'une série d'articles intitulés l'*épopée du Hedjaz*, ou épopée des Arabes, publiait un article de tête, dont voici un extrait :

La clé nécessaire pour comprendre notre politique en ce qui concerne les Arabes est que nous avons enfin reconnu la vanité de notre politique traditionnelle de soutenir la Turquie contre ses ennemis et que nous nous sommes occupés de substituer un remplaçant libéral à l'Empire corrompu et efféminé des Turcs. Ce remplaçant est le peuple arabe : les autres remplaçants étant une Palestine nouvelle et une Arménie nouvelle.

Il ne s'agit pas ici d'une politique d'expédients et de circonstances, mais d'une tentative délibérée d'opérer une reconstruction politique qui, quoiqu'elle ait encore à subir l'épreuve de la pratique, est du moins conçue sur des lignes larges et libérales. L'Arménie, l'Arabie et la Palestine couvriront, lorsque ces Etats seront constitués, toute la largeur du pays s'étendant entre la Méditerranée et la Caspienne et rempliront la même fonction d'Etat-tampon pour l'Inde, que la Turquie avait à remplir avant qu'elle eût trahi son ancienne alliance avec nous. Dans ces trois pays ce que nous faisons est d'appeler à une existence nouvelle une vieille civilisation capable de progrès, dans l'espoir qu'elle rachètera l'héritage splendide du Levant de la ruine où l'avait plongé le régime des Turcs. La cause pour laquelle nous combattons en Orient est donc exactement la même qu'en Occident : dans les deux parties du monde nous voulons instituer les droits de la nationalité et remplacer le règne de la force par celui de la justice et du progrès. Et dans cette grande œuvre en Orient, dont nous avons supporté le plus gros effort, nous avons le droit de réclamer la sympathie et l'appui de nos alliés. La définition plus exacte des règlements politiques peut être laissée en toute confiance à la prochaine Conférence de la Paix. Dans l'intervalle les articles de notre correspondant, par leur simple récit de la manière dont les difficultés ont été vaincues, contribueront, nous le pensons, à établir un respect mutuel entre les Arabes et nous-mêmes. Ceux qui connaissent l'Arabe dans ce qu'il a de meilleur ont le plus grand espoir en son avenir : et avec un guide ferme et avisé et avec une aide telle que nous sommes mieux placés que tout autre pays pour lui donner, ses espérances d'un nouvel Etat ou de nouveaux Etats arabes ont bien des chances de s'accomplir.

V

LES ASPIRATIONS DES VOLONTAIRES

La Légion d'Orient, formée sous les auspices du gouvernement français et qui a pris part à la campagne de Palestine et de Syrie, possédait un contingent Syrien et Libanais. Voici l'idéal pour lequel ces volontaires se sont engagés, tracé de leurs propres mains dans une petite brochure arabe intitulée : *Sur les lignes du feu* et dédiée à leurs frères syriens :

Le propre du soldat, dit l'introduction, est de tirer l'épée. Si parfois il prend la plume, c'est pour donner une âme à son épée et lui déterminer un but.

Ce but, pour nous, le voici :

Nous avons rejeté l'empire ottoman parce qu'il a tué notre liberté.

Nous l'avons combattu parce qu'il nous a asservis. Nos plaies intimes saignent encore : le sang de nos martyrs ensanglante notre terre, et les nôtres, affamés, expirent dans les plus horribles souffrances.

Nous écrivons ces lignes pour que nos frères syriens connaissent notre idéal :

Nous nous sommes faits soldats pour affranchir notre patrie et sauver les nôtres.

Nous nous sommes engagés pour rester libres de toute servitude, et pour réaliser l'indépendance et la plus entière liberté pour la patrie de nos âmes !

Le 23 avril 1915, un volontaire libanais dans l'armée française, Chaïkh Yousseph Abi-Khittar, écrivait à l'auteur de ces pages, volontaire lui-même et chef du groupe libanais et syrien de Paris :

Ce n'est pas sans émotion que je pars pour cet Orient (Gallipoli) où se joue notre destinée...

Continue la lutte... Je te donne rendez-vous à *Mar Sarkis* où nous boirons à l'*indépendance* de notre petite patrie !

Ce volontaire est tombé, comme il avait vécu, en brave, en portant un commandement durant la bataille le 8 mai 1915.

Le 20 août 1914, l'auteur de ces pages, recevait également une dépêche de Nice ainsi conçu :

J'arrive aujourd'hui de Syrie. Pour répondre à votre appel, je contracte un engagement à Nice. Pour l'*indépendance* de notre patrie, que Dieu protège la France !

L'auteur de cette dépêche, Auguste Achou, fut tué, lui aussi, d'une balle au front, le 27 septembre 1915, entre Souis et Tahure.

Combien d'autres volontaires dans l'armée française, Libanais ou Syriens, qui dorment maintenant dans la terre de France qu'ils ont arrosée de leur sang ! Ils se sont tous sacrifié pour l'indépendance de leur pays ; et tous, pour réaliser cet idéal, ils ont compté sur l'aide de cette France, qui a partout travaillé à l'émancipation des peuples.

PREMIÈRES CONCLUSIONS

PREMIÈRES CONCLUSIONS

Les revendications d'un peuple ne s'improvisent pas. Elles sont la résultante de son évolution.

L'évolution des populations de langue arabe, au Liban, en Syrie, en Palestine, en Mésopotamie, comme sur toute l'étendue de la presqu'île Arabique, les achemine vers un double idéal, *l'Unité et l'Indépendance*. C'est à ce double idéal, qu'ont travaillé consciemment ou inconsciemment, les écrivains, les écoles, la presse et les comités.

Si l'œuvre de fusion n'est pas partout, sur ce vaste territoire, assez avancée pour réaliser la grande unité, si, d'un autre côté, pour des raisons indépendantes de sa volonté, le Liban est condamné, pour un temps, à un certain isolement, il n'en est pas de même de la Syrie, de la Palestine et de la Mésopotamie, que rien ne sépare et que tout unit, la volonté comme les intérêts, le rêve du poète comme le sang du martyr et du soldat.

Mais, ni au Liban, ni en Arabie, ni en Palestine, ni en Mésopotamie ou en Syrie, la cause de l'indépendance ne peut être mise en question. Jamais peuple n'a poursuivi un rêve avec plus de constance et d'amour, jamais terre n'a bu plus de sang versé pour une noble cause. Ce n'est pas l'idée d'un individu, ce n'est pas celui d'une dynastie ou d'une région qui ont précipité avec une logique implacable, tant d'hommes dans les durs labeurs, le supplice ou la mort... C'est la formidable poussée de toute une race qui a gémi sous une oppression séculaire, d'une race qui a dans son passé des dates qui furent autant de haltes bienfaisantes pour l'humanité angoissée et des noms inscrits en lettres d'or dans les annales de la civilisation. Les petits-fils des Arabes et des Phéniciens sont conscients de la noblesse de l'héritage que les siècles leur ont légué, ils ne consentiront jamais leur propre déchéance et jamais ils ne capituleront ! Ce n'est plus la question d'un territoire plus ou moins grand, d'une population plus ou moins riche, plus ou moins cultivée, lorsqu'il s'agit de l'indépendance, c'est un tout solidaire, poussière de peuples aujourd'hui, si l'on veut, mais demain un bloc cimenté dans le sang que rien n'entamera.

DEUXIÈME PARTIE

LES BUTS DE LA GUERRE

1ᵉʳ Août 1914 — 28 Juin 1919

Par l'implacable enchaînement des causes et des effets, la guerre a développé certains principes et leur a donné une consécration pour ainsi dire solennelle.

Quels sont ces principes, quel a pu être leur action sur la collectivité humaine, qui nous intéresse, pour exalter son âme ou la déprimer?

Nous le verrons dans les pages qui vont suivre.

I

PREMIÈRE PÉRIODE

Premières déclarations

Nous donnons ici quelques extraits des déclarations des hommes officiels qui représentent les Gouvernements et leurs tendances, ainsi que de quelques associations ou personnalités qui reflètent l'opinion générale ou celle des milieux populaires.

Le 3 novembre 1915, M. Aristide Briand, président du Conseil des ministres de la République Française, déclare à la Chambre des députés :

...A un moment, hélas! lointain encore, il faut avoir le courage de le dire à ce pays qui aura le courage de l'entendre, la question de paix pourra se poser.

Mais c'est qu'alors nos armes auront été victorieuses, c'est que notre sol sera libéré, c'est que les provinces arrachées si douloureusement du sein de la France auront été restituées, c'est que l'héroïque Belgique, qui s'est laissée martyriser pour nous, sera délivrée et rétablie dans l'intégrité de son indépendance politique et économique, c'est que la vaillante Serbie aura été de même affranchie.

Alors seulement nous pourrons penser à la paix.

Quelle sera cette paix? Sera-ce une paix quelconque dont se contenterait une France égoïste, satisfaite de la réalisation de ses désirs personnels?... La France, dans cette guerre — c'est son honneur et ce sera sa gloire — est le champion du monde...

Elle est debout, l'épée à la main, se battant pour la *civilisation et pour l'indépendance des peuples.* Quand elle abaissera son épée, c'est qu'elle aura obtenu toutes les garanties d'une paix durable, d'une paix solide; c'est que par cette paix donnée au monde par la France et ses Alliés toute arrière-pensée de domination tyrannique aura fait désormais place à l'idée du progrès dans la civilisation *par la liberté des peuples jouissant de leur pleine autonomie.*

Voilà, messieurs, la paix vers laquelle s'en vont les soldats de la France, la seule qui soit digne de nous, la seule dont il puisse être question...

Le 12 novembre 1915, le manifeste socialiste de Zimmerwald disait :

... Cette lutte est la lutte pour la liberté, pour la fraternité des peuples ; pour le socialisme. Il faut entreprendre cette lutte pour la paix, pour la paix sans annexions ni indemnités de guerre. Mais une telle paix n'est possible qu'à condition de condamner toute pensée de violation des droits et des libertés des peuples. Elle ne doit conduire ni à l'occupation de pays entiers, ni à des annexions partielles. Pas d'annexions ni avouées ni masquées, pas plus qu'un assujettissement économique, qui, en raison de la perte de l'autonomie politique qu'il entraîne, devient encore plus intolérable. Le droit des peuples à disposer d'eux-mêmes doit être le fondement inébranlable dans l'ordre des rapports de nations à nations...

Lord Grey, premier ministre anglais, déclare, le 23 octobre 1916, dans un banquet offert par l'Association de la presse étrangère :

Nous lutterons jusqu'à ce que nous ayons établi la supré-

matie du droit sur la force, et assuré dans des conditions d'égalité et conformément à leur propre génie, *le libre développement de tous les États, grands et petits qui constituent l'humanité civilisée.*

Le 9 novembre 1916, M. de Bethmann-Hollweg,
chancelier de l'empire allemand, lui répond au Reichstag :

De source sûre, nous savons que l'Angleterre et la France
ont déjà garanti à la Russie, en 1915, la domination territoriale de Constantinople, du Bosphore et de la rive occidentale
des Dardanelles avec un hinterland, et le partage de l'Asie-
Mineure entre les puissances de l'Entente.

. . . .

Une telle politique de violence ne peut servir de base à une
ligue de paix internationale vraiment efficace; elle est en
contradiction flagrante avec les idéals auxquels aspirent le
vicomte Grey et M. Asquith, où le droit prime la force et où
tous les États composant la famille de l'humanité civilisée,
grands ou petits, pourront se développer librement sous les
mêmes conditions et en harmonie avec leurs aptitudes naturelles. Si l'Entente veut se placer sérieusement sur ce terrain,
elle devra agir en conséquence ; si elle ne le fait pas, les plus
belles phrases sur la Ligue de la paix et sur la vie paisible de
la famille commune des peuples resteront vides.

La proposition de paix allemande

Le 12 décembre 1916, l'Allemagne et ses alliées,
l'Autriche-Hongrie, la Turquie et la Bulgarie, faisaient, par l'intermédiaire des puissances neutres, des
propositions de paix :

C'est, disaient-elles, pour défendre leur existence et la
liberté de leur développement national que les quatre puissances

alliées ont été contraintes à prendre les armes. Les exploits de leurs armes n'y ont rien changé ; pas un seul instant, elles ne se sont départies de la conviction que *le respect du droit des autres nations n'est nullement incompatible avec leurs propres droits et intérêts légitimes.* Elles ne cherchent pas à écraser ou à anéantir leurs adversaires. Conscientes de leur force militaire et économique, et prêtes s'il le faut, à continuer la lutte qui leur est imposée, mais animées en même temps du désir d'arrêter le flot de sang et de mettre fin aux horreurs de la guerre, les quatre puissances alliées proposent d'entrer dès maintenant en négociations de paix.

*
* *

La Réponse collective des Alliés à la note des puissances centrales, fut remise, le 30 décembre 1916, à l'Ambassadeur des États-Unis d'Amérique à Paris, par M. Briand :

C'est en pleine connaissance de la gravité, dit-elle, mais aussi des nécessités de l'heure que les Gouvernements alliés, étroitement unis entre eux et en parfaite communion avec leurs peuples, se refusent à faire état d'une proposition sans sincérité et sans portée. Ils affirment une fois de plus qu'il n'y a pas de paix possible tant que ne seront pas assurées la réparation des droits et liberté violés, *la reconnaissance du principe des nationalités et de la libre existence des petits États* tant que n'est pas certain un règlement de nature à supprimer définitivement les causes qui depuis si longtemps ont menacé les nations et à donner les seules garanties efficaces pour la sécurité du monde.

La première proposition de Wilson

Dès le 5 août 1914, le président Wilson, agissant en sa qualité de représentant d'une puissance signataire de la Convention de La Haye, avait fait connaître aux belligérants son ardent désir de servir la cause de la paix, lorsque les événements lui en fourniraient le moyen. Sa démarche était strictement conforme à l'article 3 de cette Convention relatif au règlement pacifique des conflits internationaux, dont voici le texte :

Les puissances étrangères au conflit ont le droit de proposer leurs bons offices et leur médiation, même pendant la durée des hostilités. L'exercice de ce droit ne peut être considéré en aucun cas, par telle ou telle puissance belligérante, comme un acte inamical.

Le Président se disposait à entreprendre une démarche auprès des belligérants, quand la note allemande fut lancée. Gêné par cette proposition, il se décida néanmoins à faire la sienne le 18 décembre 1916.

Sans faire une offre de paix ou de médiation proprement dite, il proposait seulement que des sondages soient effectués afin que neutres comme belligérants puissent apprendre à quelle distance se trouve encore le havre de la paix, vers lequel toute l'humanité tend, dans une aspiration intense et croissante :

Les objets qu'ont en vue, dans cette guerre, les hommes des pays belligérants de part et d'autre, observe M. Wilson, sont virtuellement les mêmes, d'après les déclarations qu'ils en ont faites en termes généraux à leurs propres peuples et au monde entier. De part et d'autre, on désire voir *les droits et privilèges des nations faibles et des petits États assurés* contre quiconque les attaquerait ou les nierait à l'avenir, au même titre que les droits et privilèges des grands et puissants États actuellement en guerre. De part et d'autre on désire se garantir pour l'avenir et garantir tous les autres peuples, contre le retour de guerres comme celle-ci, contre toutes les espèces d'agression et d'intervention suggérées par l'égoïsme...

S'il s'agit de mesures à prendre pour assurer la paix du monde dans l'avenir, le peuple et le gouvernement des États-Unis ont un intérêt aussi vital et direct que les gouvernements actuellement en guerre. Et d'ailleurs, l'intérêt qu'ils prennent aux moyens qu'on pourrait adopter pour affranchir les peuples les plus petits et les plus faibles du danger, de l'injustice et de la violence est aussi vif, aussi ardent, que celui de tout autre peuple ou de tout autre gouvernement. Ils sont donc prêts, ils aspirent même, une fois la guerre terminée, à la réalisation de ces desseins, et cela avec toutes les ressources, avec tous les moyens d'influence dont ils disposent. Mais il faut d'abord que la guerre prenne fin.

**

Les puissances alliées répondirent aux propositions du président Wilson par une note collective, le 10 janvier 1917, dont voici un passage :

... Les buts de guerre des Alliés sont bien connus; ils ont été formulés à plusieurs reprises par les chefs de leurs divers gouvernements. Ces buts de guerre ne seront exposés dans le détail, avec toutes les compensations et indemnités équitables pour les dommages subis, qu'à l'heure des négociations. Mais le monde civilisé sait qu'ils impliquent de toute nécessité et en première ligne la restauration de la Belgique, de la Serbie et du Monténégro et les dédommagements qui leur sont dus, l'évacuation des territoires envahis en France, en Russie, en Roumanie ,avec de justes réparations; la réorganisation de l'Europe, garantie par un régime stable et fondée aussi bien

sur le respect des nationalités et sur le droit à la pleine sécurité et à la liberté de développement économique que possèdent
tous les peuples, petits et grands, que sur les conventions territoriales et des règlements internationaux propres à garantir les
frontières terrestres et maritimes contre des attaques injusti-
fiées ; la restitution des provinces ou territoires autrefois arra-
chés aux alliés par la force ou contre le vœu des populations ;
la libération des Italiens, des Slaves, des Roumains et des
Tchéco-Slovaques de la domination étrangère ; l'affranchissement des populations soumises à la sanglante tyrannie des
Turcs ; le rejet hors de l'Europe de l'empire ottoman, décidé-
ment étranger à la civilisation occidentale.

.

Les puissances centrales, de leur côté, se contentè-
rent de répondre en renouvelant leur proposition de
réunir une conférence en pays neutre. Le président
Wilson s'adressa alors au Sénat américain devant lequel il prononça, le 22 janvier 1917, un discours où il
pose les conditions essentielles de la paix :

L'égalité des nations, déclare-t-il notamment, sur laquelle
doit reposer la paix pour être durable, doit impliquer l'égalité
des droits ; les garanties échangées ne doivent ni reconnaître
ni impliquer une différence entre les nations grandes ou petites,
entre celles qui sont puissantes et celles qui sont faibles. Le
droit doit être basé sur la force collective et non sur la force
individuelle des nations de l'accord desquelles la paix dépendra.
Il ne saurait y avoir, bien entendu, d'égalité de territoires ou
de ressources, ni aucune autre source d'égalité qui ne serait
pas obtenue à la suite du développement normal, pacifique et
légitime des nations elles-mêmes. Mais personne ne s'attend
à rien de plus qu'une *égalité de droits*. L'humanité aspire

maintenant à une libre existence (freedom of life) et ne recherche pas l'équilibre proportionnel d'après la puissance de chacun (equipoises of power).

Il y a parmi les nations organisées une chose plus profonde même que l'égalité des droits. Aucune paix ne peut durer ou ne devrait durer qui ne reconnaît pas et n'accepte pas le principe que les gouvernements reçoivent tous leurs pouvoirs du consentement des peuples gouvernés, et qu'il n'existe nulle part aucun droit qui permette de transférer les peuples de potentat à potentat comme s'ils étaient une propriété. Ainsi, j'ai la conviction, s'il m'est permis de citer cet exemple, que les hommes d'État de tous pays sont d'avis qu'il devrait y avoir une Pologne unifiée, indépendante et autonome et que désormais devrait être garantie une inviolable sécurité de vie, de culte et de développement social et industriel à tous les peuples qui ont vécu jusqu'ici sous la domination de gouvernements attachés à une foi et à des buts politiques en opposition avec les leurs propres...

Toute paix qui reconnaît et n'accepte pas ce principe sera inévitablement rompue ; elle ne s'appuiera pas sur les affections ou sur les convictions de l'humanité. Comme un ferment subtil l'esprit de populations entières luttera constamment contre cette paix, et le monde entier sympathisera avec ces nations. L'univers ne peut rester en paix que si son existence est stable, et il ne peut y avoir aucune stabilité là où la volonté est en rébellion, là où il ne règne ni tranquillité d'esprit, ni sens de la justice, de la liberté et du droit.

. . . .

Tels sont les principes américains, les buts politiques américains. Nous ne pouvons pas en soutenir d'autres. Et ce sont aussi les principes et les buts politiques des hommes et des femmes de tout pays qui savent voir loin devant eux, les principes et les buts politiques de toute nation moderne, de toute société éclairée. Ce sont les principes de l'humanité, il faut qu'ils triomphent !

L'entrée en guerre de l'Amérique

Les propositions de paix de l'Allemagne ayant
échoué, elle résolut d'étendre la guerre sous-marine.
Le 3 février 1917, le président Wilson annonça la
rupture des relations diplomatiques avec l'Allemagne.
Le 26 février, il demanda au Congrès le pouvoir d'ar-
mer les vaisseaux marchands américains. Le 5 mars,
à l'inauguration de sa deuxième présidence, Wilson
prononce un discours où il affirme que la politique
d'isolement a fait son temps et proclame de nouveau
les principes des États-Unis :

Nous ne sommes plus, dit-il, les simples citoyens d'un État.
Les heures tragiques de trente mois d'une perturbation si profonde, ont fait de nous des citoyens du monde. Il ne peut
y avoir de retour en arrière. Nos destinées nationales sont engagées que nous le voulions ou non...

Voici donc les idées que nous représentons et soutiendrons
dans la guerre et dans la paix.

Toutes les nations ont un intérêt égal à la paix du monde
et à la stabilité politique des peuples libres ; elles ont une
même part de responsabilité au maintien de cette paix et de
cette stabilité ;

Le principe essentiel de la paix est une réelle égalité de toutes
les nations, dans toutes les questions de droits et de privilèges ;

La paix ne peut reposer avec sécurité et justice sur un équilibre de forces armées ;

Les gouvernements doivent puiser leur pouvoir légitime dans
le consentement des gouvernés ; la commune pensée, la volonté,
la force collective de la famille des nations, ne sauraient soutenir d'autre pouvoir.

Malgré les avertissements du 26 février, la guerre
sous-marine fut poursuivie avec la même rigueur. Des
intrigues au Mexique et aux États-Unis même aug-
mentent la tension. Le 2 avril 1917, M. Wilson déclare
au Congrès, réuni en session extraordinaire, que l'état
de guerre existe entre les États-Unis et l'Allemagne
et confirme, dans son discours, ses précédentes déclarations sur les bases de la paix :

C'est une chose terrible, dit-il, que de conduire ce grand
peuple pacifique à la guerre, à la plus effrayante, à la plus
désastreuse de toutes les guerres, à cette guerre dont la civilisation elle-même semble être l'enjeu. Mais le droit est plus
précieux que la paix et nous combattrons pour les choses qui
ont toujours été les plus chères à notre cœur, pour la démocratie, pour assurer à ceux qui sont soumis à une autorité le
droit d'avoir une voix dans la conduite de leurs gouvernements,
pour les droits et les libertés des petites nations, pour l'établissement du règne universel du droit par le concert des peuples
libres qui rendra la paix et la sécurité à toutes les nations et
fera enfin le monde lui-même libre. A cette tâche, nous sacri-
fions notre vie, notre fortune, tout ce que nous sommes et tout
ce que nous avons, avec la fierté de gens qui savent que le
jour est venu où l'Amérique a le privilège de donner son sang
et sa force pour les principes auxquels elle doit l'existence et
le bonheur et la paix dont elle a joui. Dieu aidant, elle ne peut
agir différemment.

II

LA RÉVOLUTION RUSSE

La révolution russe, qui obligea le tsar Nicolas II à abdiquer le 15 mars 1917, fut l'occasion de nouvelles déclarations sur les buts de la guerre.

Le 17 mars, le ministre des Affaires étrangères de Russie, M. Milioukoff, dans une circulaire aux représentants russes à l'étranger, disait :

Nous cultiverons soigneusement les rapports qui nous unissent aux autres nations alliées et amies et nous avons confiance que ces relations deviendront encore plus solides et plus intimes sous le nouveau régime établi en Russie qui est décidé à se guider sur les principes démocratiques du respect dû aux peuples, petits et grands, de la liberté de leur développement et de la bonne entente entre les nations...

Fidèle au pacte qui l'unit indissolublement à ses glorieux alliés, la Russie est décidée, comme eux, à assurer à tout prix au monde, une ère de paix entre les peuples, sur la base d'une organisation nationale stable, garantissant le respect du droit et de la justice.

M. Milioukoff précisait encore son idée dans une déclaration au correspondant du *Temps*, le 9 avril :

> ... Les Alliés, dit-il, ne font pas une guerre de conquêtes ; leurs buts sont essentiellement libérateurs. Leurs aspirations ne tendent qu'à établir une carte de l'Europe sud-orientale qui pourrait être considérée comme éternelle. Cette carte prévoit la libération de la Pologne réunie, le démembrement de l'empire austro-hongrois, la formation d'un état indépendant tchéco-slovaque, la réunion des territoires serbes, la liquidation des possessions turques en Europe, la libération des peuples habitant l'Asie Mineure, la libération de l'Arménie, de l'Arabie, de la Syrie.

Le 9 avril, un manifeste du gouvernement provisoire russe est promulgué. Le 1ᵉʳ mai, il est communiqué aux Alliés :

> Laissant à la volonté du peuple, y est-il dit, en étroite union avec nos alliés, le soin de décider définitivement toutes les questions qui ont trait à la guerre mondiale et à son achèvement, le gouvernement provisoire croit de son devoir de déclarer dès aujourd'hui que la Russie libre n'a pas pour but de dominer d'autres peuples, ni de leur enlever leur patrimoine national, ni de s'emparer par la force, de territoires étrangers, mais d'établir une paix stable sur la base du droit des peuples à disposer d'eux-mêmes.

Le gouvernement provisoire, ayant été renforcé par l'entrée des représentants de la démocratie révolutionnaire, publia un nouveau manifeste, le 18 mai :

> Dans sa politique extérieure, y est-il dit, le Gouvernement provisoire, repoussant, de concert avec tout le peuple, toute pensée de paix séparée, se pose ouvertement comme but, le rétablissement de la paix générale, ne tendant ni à dominer d'autres peuples, ni à leur enlever leur patrimoine national, ni à s'emparer par la force de territoires étrangers, la paix ples à disposer d'eux-mêmes.
> sans annexions ni contribution, sur la base du droit des peu-

Dans la ferme conviction que la chute du régime tsariste en Russie et la consolidation des principes démocratiques dans la politique intérieure et extérieure, ont créé pour les démocraties alliées de nouvelles aspirations vers une paix stable et la fraternité des peuples, le Gouvernement provisoire entreprendra des démarches pour préparer un accord avec les Alliés sur la base de la déclaration du 9 avril.

* * *

Les déclarations du gouvernement provisoire russe provoquèrent un grand débat à la Chambre des Communes, le 16 mai 1917. Répondant à MM. Snowden et Lees Smith, qui désiraient que le gouvernement britannique fasse une déclaration analogue, Lord Robert Cecil commença par affirmer que l'Angleterre était entrée dans la guerre sans aucun plan de conquête impérialiste. Quant à la formule de la nouvelle politique : pas d'annexions, pas d'indemnités, il est nécessaire d'en préciser le sens :

Faut-il considérer l'indépendance proclamée par l'Arabie, demande Lord Robert Cecil, comme une annexion et replacer ce pays sous la domination turque?... Cela ne saurait être fait par la force ou l'influence de l'Angleterre. Quant aux Arméniens dont 1.200.000 ont péri, tout changement, même la plus complète annexion, serait un bienfait. Le cas de la Syrie et de la Palestine est analogue : les Libanais et les Syriens ont été voués à la mort par la famine. Rien qu'au Liban, 80.000 sont morts de cette façon.

M. Asquith précisa l'idée de Lord Robert Cecil :

Il peut y avoir, dit-il, et il y aura des annexions, si cette guerre doit avoir pour résultat une paix honorable et durable, consistant dans l'émancipation des peuples opprimés, du despotisme sous lequel ils ont dû peiner jusqu'à présent et des souffrances qu'il engendre. Non seulement cela est légitime, non seulement cela s'impose à notre conscience et à notre intelligence, mais les buts pour lesquels nous avons tiré l'épée dans cette guerre ne seraient pas réalisés ou le seraient bien imparfaitement si des annexions dans le sens d'*émancipations* n'étaient pas pratiquées par les Alliés.

Il y a un second but qui me semble rendre l'annexion non seulement légitime mais nécessaire, celui de l'unification des nationalités artificiellement séparées...

Il y a un troisième sens qui me semble justifier les annexions, c'est la nécessité des positions stratégiques reconnues indispensables pour se défendre...

Ces trois formes d'annexions sont parfaitement légitimes et lorsque le gouvernement russe demande que nous nous déclarions avec lui contre les annexions, il veut parler sans doute d'annexions dans le quatrième sens de ce mot, à savoir de conquêtes dans le but d'extension de territoire et d'agrandissement politique et économique. Je pense qu'il n'y a pas une seule personne dans cette chambre ou dans ce pays et je suis sûr qu'il n'y a également aucune puissance parmi les Alliés, qui soit disposée à pratiquer ou à justifier l'annexion ainsi comprise.

⁎

Le 22 mai 1917, le débat est ouvert à la Chambre française. M. Ribot, président du Conseil, fit la déclaration suivante :

... Il y a quelques jours, je disais : « La France ne veut opprimer aucune nationalité, même celle de ses ennemis? Elle réclame la liberté pour tout le monde et l'indépendance pour tous les peuples. Elle appellera à son aide, le jour de la victoire, disais-je encore, non pas la vengeance, mais la justice...

... Je n'ai qu'à le répéter...

...C'est le même esprit qui anime ces deux grandes démocraties ; ce qu'elles veulent, au fond, c'est une paix durable... Or, une paix durable, nous ne l'aurons que si nous la fondons sur la justice et sur le droit des peuples ; et nous ne l'aurons qu'à une autre condition, qu'il ne faut pas oublier, c'est que nous ne laisserons pas, dans son insolence et dans sa menace persistantes, durer ce despotisme militaire... qui a été la plaie du monde et qui, demain, pourrait détruire cette paix édifiée par nous avec tant de peine, cette paix équitable que nous voulons tous... Si le peuple allemand — à qui nous ne contestons pas son développement dans l'avenir : tous les peuples ont le droit de vivre —, si le peuple allemand comprenait cela la paix serait plus facile...

De son côté, la Chambre des députés vota l'ordre du jour suivant, dans la nuit du 4 au 5 juin 1917 :

...La Chambre des Députés, expression directe de la souveraineté du peuple français, adresse à la démocratie russe et aux autres démocraties alliées son salut.

...Éloignée de toute pensée de conquête et d'asservissement des populations étrangères, elle compte que l'effort des armées de la République et des armées Alliées permettra, le militarisme prussien abattu, d'obtenir des garanties durables de paix et d'indépendance pour les peuples, grands et petits, dans une organisation, dès maintenant préparée, de la Société des Nations.

Le Sénat français vota également un ordre du jour, le 6 juin 1917 :

...Le Sénat français, dit-il, prenant acte des déclarations de M. le Président du Conseil, convaincu qu'une paix durable ne peut sortir que de la victoire des armées alliées, affirme la volonté de la France, ferme dans ses alliances, fidèle à son idéal d'indépendance et de liberté pour tous les peuples, de poursuivre la guerre jusqu'à la restitution de l'Alsace et de la Lor-

raine, la sanction des crimes, la réparation des dommages,
l'obtention de garanties contre un retour offensif du militarisme
allemand, fait confiance pour obtenir ces résultats au Gouvernement responsable qui, seul, a le droit d'engager le pays sous
le contrôle des chambres et comptant sur son énergie pour
prendre toutes les mesures d'ordre intérieur et extérieur nécessaires au salut de la nation.

* *

M. Wilson adressa de son côté un message, qui fut
remis le 26 mai 1917 au gouvernement provisoire
russe, par une mission dirigée par M. Elihu Root, et
publié le 9 juin 1917, à Washington :

... Les États-Unis, y est-il dit, ne recherchent aucun profit
matériel, aucune extension de territoire quelconque. Les États-
Unis ne se battent pour aucun avantage, pour aucun objectif
égoïste, mais la libération de tous les peuples exposés à l'agression des pouvoirs autocratiques...

Nous nous battons pour la liberté, pour le régime démocratique, pour le développement autonome de tous les peuples,
et chaque clause de l'arrangement qui terminera la guerre doit
être conçue et observée pour obtenir ce résultat... Des remaniements effectifs seront requis et quels qu'ils soient, si la
nécessité en est démontrée, il faudra les réaliser.

Mais ils doivent s'inspirer d'un principe et ce principe est
clair : aucun peuple ne peut être contraint de vivre sous une
souveraineté qu'il répudie. Aucun territoire ne peut changer
de main, si ce n'est pour assurer à ceux qui l'habitent leur
part équitable de bien-être et de liberté...

Alors les peuples, enfin libres, s'associeront en une ligue,
et organiseront une coopération sincère et pratique, pour constituer une force collective capable d'assurer la paix et la justice dans les relations internationales. La fraternité humaine

deviendra autre chose qu'une expression belle, mais creuse.
Il faut en faire une réalité vivante et forte. Les nations doivent
prendre conscience de la solidarité qui les unit et collaborer
efficacement pour mettre ces intérêts vitaux communs à l'abri
des agressions de l'autocratie et du despotisme.

C'est pour de tels biens que nous acceptons de verser notre
sang, de sacrifier nos richesses... Le jour est venu de vaincre
ou d'être vaincu !...

**

Le gouvernement britannique répondit le 12 juin,
par la note suivante, au manifeste russe du 9 avril :

Le gouvernement britannique n'est pas entré dans cette
guerre pour faire des conquêtes et il ne la poursuit pas dans
ce dessein. Son but était, à l'origine, de défendre l'existence
du pays et d'imposer les engagements internationaux. A ces
objets primitifs s'ajoute aujourd'hui celui de libérer les populations opprimées par la tyrannie étrangère...

Nous devons surtout chercher un règlement susceptible de
donner aux peuples la satisfaction et le bonheur, et de supprimer toute cause légitime de guerre future.

Le Gouvernement britannique se joint de tout cœur à ses
alliés russes, pour accepter et approuver les principes exposés
par le Président Wilson, dans son message historique au Congrès des États-Unis.

Telles sont les fins pour lesquelles les peuples britanniques
sont en train de combattre. Tels sont les principes qui guident
et guideront leur politique de guerre.

⁎

Le gouvernement français faisait de son côté, à la
même date, la réponse suivante à la note russe :

... La France ne songe à opprimer aucun peuple, ni aucune
nationalité, même celle de ses ennemis d'aujourd'hui. Mais
elle entend que l'oppression soit enfin détruite, et que soient
châtiés les auteurs des crimes qui demeureront pour nos ennemis la honte de cette guerre. *Laissant à ses ennemis l'esprit de
conquête et de convoitise dont ils s'inspirent dans la guerre,
la France ne prétendra jamais arracher aucun territoire à ses
légitimes possesseurs.*

... Repoussée dans tous les efforts qu'elle a faits pour maintenir la paix, forcée de répondre par les armes à la plus injuste
des agressions, elle n'est entrée en guerre que pour défendre sa
liberté et son patrimoine national, et pour assurer désormais
dans le monde le respect de l'indépendance des peuples. De
même que la Russie a proclamé la restauration de la Pologne
dans son ancienne indépendance, de même la France salue
avec joie l'effort que poursuivent sur différents points du
monde, les peuples encore engagés dans les liens d'une dépendance condamnée par l'Histoire.

Que ce soit pour conquérir ou recouvrer leur indépendance
nationale, pour affirmer leur droit au respect d'une ancienne
civilisation, ou pour secouer cette tyrannie germanique prompte
à peser si lourdement sur les peuples moins avancés dans les
voies du progrès, la France ne voit la fin de la guerre que par
le triomphe du droit et de la justice.

⁎

Le 29 juin 1917, le premier ministre anglais,
M. Lloyd George, prononça à Glasgow un discours où

il aborda aussi la question de la paix et confirma les précédentes déclarations des Alliés. Parlant de la Turquie, il dit :

La Mésopotamie n'est pas turque ; elle n'a jamais été turque ; le Turc est aussi bien un étranger en Mésopotamie que l'Allemand et tout le monde sait comment il l'a gouvernée. C'était jadis le jardin d'Eden. Quel pays est-ce maintenant? Vous n'aurez qu'à lire ce terrible rapport pour voir quel pays le Turc a fait du jardin d'Eden. Cette contrée, berceau et jadis grenier de la civilisation, sanctuaire et temple de la civilisation, est devenue un désert sous la domination des Turcs. La décision sur le sort futur de la Mésopotamie devra être laissée au Congrès de la Paix, quand il se réunira ; mais il y a une chose qui n'arrivera pas à ce pays : *il ne sera jamais restitué à la tyrannie dévastatrice du Turc.* Tout au plus a-t-il été le gardien (trustee) de ce très célèbre pays au nom de la civilisation. Ah! quel gardien! Il a manqué à son devoir, et la garde doit être confiée à des mains plus compétentes et plus équitables, choisies par le Congrès qui arrangera les affaires du monde. La même observation s'applique à l'Arménie, pays trempé du sang des innocents massacrés par le peuple qui était tenu de les protéger.

... Cette guerre amènera des résultats dont dépendront les vies de nos enfants et de nos petits-enfants. Parfois, au courant des grands événements, de grands défis sont jetés de l'Inconnu aux fils et aux filles des hommes. De la réponse donnée à ces défis, et de l'héroïsme avec lequel la réponse est soutenue, dépend la question de savoir si le monde sera meilleur ou pire dans les âges à venir.

... Maintenant nous sommes en face de la plus grande, de la plus féroce des luttes. *Liberté, Égalité, Fraternité, non parmi les hommes mais parmi les nations, grandes et petites, puissantes et faibles, fières et humbles, Allemagne et Belgique, Autriche et Serbie — égalité, fraternité parmi les peuples comme parmi les hommes — voilà le défi qui nous a été jeté!* L'Europe est de nouveau aujourd'hui arrosée du sang de ses fils les meilleurs et les plus braves. Mais n'oublions pas la longue série historique des causes sacrées ; ce sont les reposoirs sur le chemin de croix qui mène à l'émancipation de l'humanité.

Souffrons comme nos pères souffrirent. Chaque naissance est
une agonie, et le nouveau monde naît de l'agonie du vieux
monde. Je fais appel au peuple de ce pays et aux autres, si
mon appel peut arriver jusqu'à eux, pour que nous continuions
à combattre pour la grande cause du droit international et de
la justice internationale afin que la force brutale ne puisse
plus jamais usurper le trône de la justice, et que la barbarie
ne s'empare plus du sceptre du Droit !

* *

M. Painlevé, qui avait succédé à M. Ribot à la présidence du Conseil, dans sa déclaration du 18 septembre 1917, résume les buts de guerre de la France :

... Si la France poursuit cette guerre, ce n'est ni pour conquérir ni pour se venger, c'est pour défendre sa liberté et son indépendance, en même temps que la liberté et l'indépendance du
monde. Ses revendications sont celles du droit même ; elles
sont indépendantes du sort des batailles. La France les proclamait solennellement en 1871, alors qu'elle était vaincue ; elle
les proclame aujourd'hui qu'elle a fait sentir à ses agresseurs
le poids de ses armes...

D'annexion de l'Alsace-Lorraine, réparation des préjudices
et des ruines causés par l'ennemi, conclusion d'une paix qui
ne soit pas une paix de contrainte et de violence, renfermant
en elle-même le germe de guerres prochaines, mais une paix
juste où aucun peuple, puissant ou faible, ne soit opprimé, une
paix où des garanties efficaces protègent la Société des Nations
contre toute agression d'une d'entre elles, tels sont les nobles
buts de guerre de la France, si on peut parler de buts de guerre
quand il s'agit d'une nation, qui, pendant 42 ans, malgré ses
blessures ouvertes, a tout fait pour éviter à l'humanité les horreurs de la guerre.

Tant que ces buts ne seront pas atteints, la France conti-
nuera de combattre. Certes, prolonger la guerre un jour de

trop, ce serait commettre le plus grand crime de l'histoire ! mais
l'interrompre un jour trop tôt, serait livrer la France au plus
dégradant des servages, à une misère matérielle et morale
dont rien ne la délivrerait plus...

**

M. Balfour répond le 6 novembre à la motion des pa-
cifistes et aux Communes :

Sans doute, nous désirons la restitution de l'Alsace-Lorraine
et c'est pour cela que nous nous battons ; mais non pas seulement pour cela, non pas pour cela comme un élément isolé
parmi les buts de guerre. Nous combattons en premier lieu
pour que l'Europe soit délivrée de la menace perpétuelle du
parti militaire allemand.

Nous désirons, en outre, voir la carte de l'Europe établie de
telle façon que les différents peuples puissent y vivre sous la
forme de gouvernement qu'ils jugeront bonne et qu'ils esti-
meront convenir à leur propre développement historique et
aux nécessités de leur culture.

Et ce n'est pas l'Europe seulement qui, dans cette réforme,
entre en jeu. Il ne faut pas oublier que la guerre s'est étendue
sur une partie considérable de l'Asie.

La Turquie est entrée en guerre. Cela nous est-il indifférent
que l'Arménie soit replacée dans sa situation première, ainsi
que ces honorables gentlemen le proposent en présentant une
résolution qui la rétablirait sous le joug turc? Dans la résolution la première proposition est que tout territoire occupé par
des forces militaires, quel que soit le parti qui en ait la possession, soit restitué à son propriétaire primitif. Cela a une seule
signification et veut dire que vous tendez à replacer l'Arménie
et l'Arabie sous le joug turc.

Nous ne désirons pas cependant détruire la vraie société turque, composée de Turcs, gouvernée par les Turcs et d'une

manière conforme aux mœurs turques, mais, de toute façon, ne perdons pas entièrement de vue l'un des objets que nous devons viser, surtout maintenant que cette grande catastrophe mondiale nous en offre la possibilité et nous fait considérer comme un devoir d'arracher au peuple turc tous les peuples qui ne sont pas turcs, et qui, j'en suis certain, deviendront florissants s'il leur est donné d'avoir un gouvernement et des lois qui leur soient propres.

II

LA PAIX DE BREST-LITOVSK

Les partisans de Lénine s'emparèrent du pouvoir le
7 novembre 1917. Ils demandèrent à l'Allemagne un
armistice qui fut signé le 15 décembre. Mais avant,
ils avaient déjà lancé cet appel à tous les belligérants :

Le gouvernement des ouvriers et des paysans créé par la
révolution des 6 et 7 novembre et qui s'appuie sur le Conseil
des ouvriers et des soldats, propose à tous les belligérants de
commencer aussitôt des pourparlers en vue d'une paix juste
et démocratique. Le gouvernement est d'avis qu'une paix juste
et démocratique doit être une paix immédiate sans annexion,
c'est-à-dire une paix sans appropriation par la violence de territoires étrangers et sans conquêtes de vive force de nationalités
étrangères, et une paix sans contribution.

.. ..
Par annexion ou appropriation de territoires par la violence,
le gouvernement entend, conformément au sens du droit de la
démocratie en général et des classes ouvrières en particulier,
toute annexion d'une nationalité petite, faible, par un Etat

grand et puissant, sans le consentement de cette nationalité et indépendamment de son degré de civilisation et de sa position géographique en Europe ou dans un pays d'outre-mer.

Si une population quelconque est retenue par la violence, par un Etat quelconque ou si le droit au plébiscite lui est refusé contre sa volonté telle qu'elle se manifeste dans la presse, par les Assemblées nationales, les révolutions des partis ou par les soulèvements ou les insurrections contre les oppresseurs; si, en outre, on refuse de retirer les troupes en garnison ou si on n'accorde pas à la population le droit d'organiser sa forme de gouvernement, un tel état de choses constitue une annexion ou une appropriation par la violence.

Le gouvernement pense que la continuation de la guerre pour le partage des petites nationalités vaincues entre les nations riches et puissantes est un grand crime contre l'humanité. Aussi déclare-t-il solennellement sa résolution de signer une paix qui mette fin à la guerre aux conditions mentionnées, juste pour toutes les nationalités.

D'après l'*Isvestia*, organe officiel du Conseil des commissaires du peuple, du 22 décembre, la délégation russe propose de prendre comme base des pourparlers de paix, les six points ci-dessous :

1° Aucun territoire conquis pendant la guerre actuelle ne pourra être annexé de vive force et les troupes occupant ces territoires devront en être évacuées aussitôt ;

2° Sera complètement rétablie l'indépendance politique des peuples qui la perdirent durant cette guerre ;

3° Les groupes nationaux qui ne jouissaient pas de cette indépendance décideront eux-mêmes par voie de referendum la question de leur indépendance politique ou celle de l'Etat auquel ils voudraient appartenir. Ce referendum devra avoir pour base, la liberté complète de vote pour toute la population, y compris les émigrés et les réfugiés ;

4° Sur les territoires habités par plusieurs nationalités, les droits de la minorité seront protégés par des lois spéciales assurant à ces nationalités leur autonomie nationale et, si les conditions politiques le permettent, leur autonomie administrative ;

5° Aucun belligérant ne paiera à un autre de contribution et celles déjà payées sous la forme de frais de guerre seront à rembourser. Quant au dédommagement des personnes victimes de la guerre, il se fera au moyen du fonds spécial créé par les versements proportionnels de tous les belligérants ;

6° Les questions coloniales seront résolues dans les conditions des articles : un, deux, trois et quatre. Mais la délégation russe propose de les compléter par un point reconnaissant inadmissible toute restriction, même indirecte, de la liberté des nations plus faibles, par les nations plus fortes, comme par exemple le boycottage économique ou la soumission économique d'un pays quelconque à un autre par un traité de commerce imposé, ou des accords douaniers séparés, gênant la liberté du commerce des pays tiers, ou un blocus maritime non militaire.

Durant les négociations de Brest-Litovsk, les Alliés proclamèrent de nouveau, par la bouche de leurs hommes politiques, et à plusieurs reprises, leurs buts de guerre.

M. Wilson, dans son message du 4 décembre 1917, au Congrès américain, pour déclarer la guerre à l'Autriche-Hongrie, s'exprime ainsi :

Nous savons ce que ce prix de la paix sera. Ce sera la justice entière et impartiale — justice en tous lieux et pour chaque nation — et dont le règlement final concernera nos ennemis aussi bien que nos amis.

Comme moi vous percevez les voix de l'humanité que le vent nous apporte. Elles deviennent chaque jour plus fortes, plus nettes, plus persuasives, elles jaillissent de tous les cœurs en tout pays.

Elles demandent avec insistance que la guerre ne finisse pas vindicative en aucune manière ; qu'aucune nation ou peuple ne soit frustré ou puni parce que les souverains irresponsables d'un seul pays ont commis eux-mêmes un mal profond et abominable. C'est cette pensée qui a été exprimée dans cette formule : « Pas d'annexion, pas de contribution, pas d'indemnité », de châtiment.

.. ..

Nous arrivons à une heure décisive de l'histoire. Les yeux du peuple ont été dessillés et ils voient. La main de Dieu s'étend sur les nations. Il ne les protègera, j'en ai l'intime conviction, que si elles s'élèvent aux lumineux sommets de sa propre justice et de sa Miséricorde.

Sir Edward Curzon, ministre anglais, déclare :

Nous combattons pour un grand idéal, et le seul idéal, croyez-moi, qui puisse nous assurer la sécurité pour l'avenir et mettre définitivement fin aux guerres, c'est l'établissement de la liberté de notre droit de vivre sans être éternellement préoccupés d'un retour des hostilités, de vivre en paix, d'être sûrs de la paix pour l'avenir, non pour la Grande-Bretagne et l'empire britannique, non pour la France, l'Italie, la Russie ou la Serbie, mais pour le monde entier, pour que nous puissions, chacun de nous, nous développer dans notre propre civilisation.

Donc, en ce qui me regarde, je ne connais aucune fin possible à cette guerre sans le maintien des droits des petites nationalités, tout autant que de ceux de la Grande-Bretagne et de l'empire britannique.

M. Clemenceau, président du Conseil, déclare au correspondant du *New-York World*, le 10 décembre 1917 :

Une paix nette, une paix qui ne laisse place ni aux revendications des peuples opprimés ni aux dangers d'agression ; en un mot, la paix du droit.

Hors de cela, il n'y a pas de salut. C'est être bons citoyens du monde autant que patriotes, que de persévérer dans nos efforts aussi longtemps qu'il le faudra pour qu'une paix de justice soit obtenue.

Impérialisme d'un côté, démocratie de l'autre ; entre les deux, un abîme, que rien ne peut combler.

La Confédération Générale du Travail (C. G. T.), le 25 décembre 1917, au Congrès de Clermont-Ferrand, énumère ses buts de guerre :

La Conférence confédérale,

Condamne toute continuation de toute diplomatie secrète, repousse les tractations qui ont été faites à l'insu de la nation, réclame que celle-ci ait connaissance des conditions auxquelles la paix générale, juste et durable, la seule possible, pourrait être conclue. La Conférence rappelle les formules suivantes qui sont celles du Président Wilson et de la Révolution russe et qui furent toujours et sont restées celles de la classe ouvrière française :

Pas d'annexions ;

Droit des peuples de disposer d'eux-mêmes ;

Reconstitution, dans leur indépendance et dans leur intégrité territoriale, des pays actuellement occupés ;

Réparations des dommages causés;

Pas de contribution de guerre ;

Pas de guerre économique succédant aux hostilités ;

Liberté des détroits et des mers;

Institution de l'arbitrage obligatoire pour régler les différends internationaux ;

Constitution de la Société des nations.

M. Stéphen Pichon, ministre des Affaires Etrangères, déclare à la Chambre des députés, le 27 décembre 1917 :

Jamais il n'est entré dans la pensée de la France de manquer à ces traditions de liberté, d'indépendance et de justice.

Jamais il n'a été question pour elle d'annexer ou d'incorporer, sous une forme quelconque, en vertu du droit de conquête, des populations auxquelles il appartient de fixer elles-mêmes leurs destinées.

Jamais — disaient les Alliés dans leur réponse du 10 janvier 1917 au message du président Wilson — il n'a été dans nos desseins de poursuivre l'extermination des peuples allemands et leur disparition politique.

Mais il n'est pas moins certain que nous ayons des devoirs

étroits à l'égard des nationalités opprimées, non seulement de la Belgique, de la Serbie, de la Roumanie, dont le sort tragique commande plus que notre sollicitude, — notre dévouement absolu, — mais aussi de la Pologne.

Cette politique du droit des nationalités est l'honneur de nos traditions et de notre histoire ; elle s'applique, dans notre pensée, aux populations arméniennes, syriennes, libanaises, comme aux peuples qui subissent, contre leur volonté, le joug de l'oppresseur quel qu'il soit ; tous ces peuples ont droit à nos sympathies, à notre appui ; tous doivent avoir la possibilité de fixer eux-mêmes leur propre sort.

M. Lloyd George, premier ministre du Royaume-Uni, déclarait de son côté devant les délégués des Trades-Unions, à Londres, le 5 janvier 1918 :

Lorsque des millions d'hommes sont appelés à souffrir et à mourir, lorsque de vastes populations endurent les souffrances et les privations de la guerre sur une échelle sans précédent dans l'histoire du monde, ils ont le droit de savoir pour quelle cause ils vont se sacrifier. Seules les causes les plus hautes et les plus nettes, les plus justes peuvent justifier la continuation de cette indicible agonie des nations...

L'époque de traité de Vienne est bien loin de nous. Nous ne pouvons plus remettre l'avenir de la civilisation européenne aux décisions arbitrales d'une poignée de négociateurs s'efforçant par la chicane ou la persuasion à garantir les intérêts de telle ou te.. nation. Le règlement de l'Europe nouvelle devra être fondé sur des principes de raison et de justice qui en garantissent en quelque mesure la stabilité. C'est pourquoi nous estimons que le principe de gouvernement par le consentement des gouvernés doit servir de base à tous les règlements territoriaux qui suivront cette guerre.

Hors d'Europe, les mêmes principes doivent être appliqués. Sans doute, nous ne contestons pas le maintien de l'empire ottoman dans les pays habités par la race turque, ni le maintien de sa capitale à Constantinople, les détroits unissant la Mer Noire à la Méditerranée étant internationalisés.

Mais l'Arabie, l'Arménie, la Mésopotamie, la Syrie et la Palestine ont, suivant nous, le droit de voir reconnaître leur exis-

tence nationale séparée. Nous n'allons pas discuter ici la forme
exacte que pourra prendre dans chaque cas particulier la reconnaissance de cette existence. Bornons-nous à dire qu'il serait
impossible de rendre ces pays à leurs anciens maîtres.

On a beaucoup parlé des accords que nous avons conclus
avec nos alliés sur ces questions et sur d'autres. Tout ce que
je puis dire, c'est que les nouvelles circonstances, telles que
l'écroulement de la Russie, les négociations sous lesquelles ces
accords ont été conclus, nous sommes et nous avons toujours
été prêts à les discuter avec nos alliés.

Si on nous demande pourquoi nous combattons, nous ré-
pondrons comme nous l'avons fait : nous combattons pour une
paix juste et durable. Nous croyons qu'avant qu'on puisse espérer une paix permanente, il faut que trois conditions soient
remplies :

1° Le caractère sacré des traités doit être rétabli ;

2° Un règlement territorial doit être conclu qui soit basé
sur le droit des nations à disposer d'elles-mêmes, c'est-à-dire
sur le consentement des gouvernés.

3° Il nous faut chercher à limiter par l'institution d'un orga-
nisme international le fardeau des armements et à diminuer
les probabilités de la guerre.

A ces conditions, l'empire britannique accueillera la paix.
Pour obtenir ces conditions, les peuples britanniques sont prêts
à faire des sacrifices encore plus grands que ceux qu'ils ont
déjà faits.

Les points fondamentaux de la Paix

Il appartenait à M. Wilson, dans sa réponse aux
propositions des Soviets russes, de fixer les points fondamentaux, qui fourniront les bases de la paix, par un
discours au Congrès américain, le 8 janvier 1918.

Une fois de plus, dit-il, comme ils l'ont fait à maintes reprises, les porte-parole des empires centraux ont manifesté

leur désir de discuter les buts de cette guerre et de rechercher une base possible pour la paix générale... Ils ont essayé de faire connaître leurs buts et mis leurs adversaires, au défi de dire quels sont leurs buts à eux... Il n'y a aucune raison de ne pas répondre à ce défi...

... Que les dirigeants actuels du peuple russe nous croient ou non, c'est de tout notre cœur que nous désirons être assez heureux pour trouver quelque moyen d'aider ce peuple à réaliser son espoir suprême de liberté et de paix.

Nous désirons que la procédure des Conférences de paix, quand celles-ci s'ouvriront, soit entièrement publique et ne comporte aucun accord secret, de quelque sorte que ce soit. L'ère des conquêtes et des agrandissements territoriaux est passée ; passé aussi le temps des traités secrets conclus dans l'intérêt de certains gouvernements et susceptibles, au moment le plus inattendu, de détruire la paix du monde.

C'est là un fait heureux et qui apparaît clairement aujourd'hui aux yeux de tout homme public dont les idées ne s'attardent pas dans un âge à jamais révolu. Il rend possible à toute nation dont les principes sont conformes à un idéal de justice et de paix de proclamer maintenant, comme en toute circonstance, les buts qui sont les siens.

Nous sommes entrés dans cette guerre parce que les injures faites au Droit nous touchent au vif en rendant la vie impossible à notre peuple tant qu'elles ne seront pas vengées, tant que le monde ne sera pas, une fois pour toutes, garanti contre leur retour possible. Nous n'exigeons donc dans cette guerre rien de spécial pour notre peuple : nous voulons que le monde devienne habitable et, en particulier, que tout pays épris de paix, comme le nôtre, puisse vivre en sécurité sa propre vie et choisir les institutions qui lui conviennent ; nous voulons enfin, qu'un esprit de justice et de loyauté remplace, dans les rapports des peuples entre eux, l'esprit d'agression et de violences. Tous les peuples du monde sont, sous ce rapport, comme associés dans le même intérêt et, en ce qui nous concerne, nous voyons très nettement que tant que justice ne sera pas rendue aux autres, elle ne le sera pas à nous-mêmes.

Les quatorze conditions

Le programme de la paix du monde est, en conséquence, notre programme et ce programme, le seul possible selon nous, est celui-ci :

Publicité des accords diplomatiques. — 1° Conventions de paix connues de tous, préparées au grand jour, après lesquelles il n'y aura plus d'arrangements privés d'aucun genre dans le domaine international ; la diplomatie devra procéder toujours franchement et sous l'œil du public.

Liberté des mers. — 2° Liberté absolue de la navigation sur mer en dehors des eaux territoriales, aussi bien en temps de paix qu'en temps de guerre, sauf dans le cas où les mers seraient fermées, en totalité ou partiellement, par une action internationale exercée en exécution de conventions internationales.

Liberté et égalité économiques. — 3° Disparition, autant que possible, de toutes barrières économiques et institution du principe d'égalité dans les rapports commerciaux entre toutes les nations consentant à la paix et associées pour son maintien.

Limitation des armements. — 4° Garanties appropriées prises et consenties afin de réduire les armements de chaque pays au minimum compatible avec la sécurité intérieure.

Questions coloniales. — 5° Libres arrangements d'un esprit libéral et d'une entière impartialité, de toutes les revendications coloniales, arrangements basés sur la stricte observation de ce principe qu'en déterminant des questions de souveraineté, les intérêts des populations devront peser d'un poids égal à celui des revendications équitables du Gouvernement dont le titre est à fixer.

Question russe. — 6° Évacuation du territoire russe tout entier et règlement de toutes les questions concernant la Russie de façon à assurer la meilleure et la plus large coopération de toutes les nations pour fournir à la Russie l'occasion de fixer, sans entrave ni embarras, l'indépendance de son propre développement politique et national; pour lui assurer un sincère accueil dans la société des nations libres avec des institutions de son propre choix; et même plus qu'un accueil, l'aide de toute nature dont elle pourra avoir besoin et qu'elle pourra souhaiter. Le traitement accordé à la Russie par ses nations sœurs dans les mois à venir sera la pierre de touche de leur bonne volonté, de leur compréhension des besoins de la Russie, abstraction faite de leurs propres intérêts; enfin, de leurs sympathies intelligentes et désintéressées.

Belgique. — 7° La Belgique, le monde entier en convient, doit être évacuée et restaurée, sans aucune tentative pour restreindre la souveraineté dont elle jouit au même titre que toutes les autres nations libres. Il n'est pas un seul acte qui puisse servir autant que celui-ci à rétablir la confiance des nations dans les lois qu'elles ont elles-mêmes établies et qu'elles ont fixées comme règles de leurs relations mutuelles. Sans cet acte réparateur, toute l'armature du Droit des Gens, toute sa validité seraient ébranlées à jamais.

Alsace-Lorraine. — 8° Le territoire français tout entier sera libéré et les régions envahies seront restaurées; le préjudice causé à la France par la Prusse en 1871 en ce qui concerne l'Alsace-Lorraine, préjudice qui a troublé la paix du monde durant cinquante ans, sera réparé afin que la paix puisse être assurée à nouveau dans l'intérêt de tous.

Frontières italiennes. — 9° Une rectification des frontières de l'Italie sera effectuée en suivant les démarcations nationales, clairement reconnaissables.

Peuples de l'Autriche-Hongrie. — 10° Aux peuples de l'Autriche-Hongrie dont nous désirons voir la place assurée et sauvegardée parmi les nations, on accordera les plus larges facilités en vue de leur développement autonome.

Le sort de la Roumanie, de la Serbie et du Monténégro. —

11° La Roumanie, la Serbie et le Monténégro seront évacués ; les territoires occupés seront restitués ; la Serbie recevra un accès libre et sûr à la mer ; les rapports des États balkaniques entre eux seront fixés par une entente amiable où l'on s'inspirera des bases historiques de suzeraineté et de nationalité. Des mesures internationales seront prises pour garantir l'indépendance politique et économique et l'intégrité territoriale de ces États.

L'empire turc. — 12° Aux régions turques de l'Empire Ottoman devra être assurée une souveraineté non contestée ; mais aux autres nationalités soumises au joug turc, on devra garantir une sécurité absolue d'existence, la pleine possibilité d'un développement autonome et sans entraves ; le détroit des Dardanelles devra être ouvert de façon permanente et constituer, sous la protection des garanties internationales, un libre passage pour les navires et le commerce de toutes les nations.

L'indépendance de la Pologne. — 13° Un État polonais indépendant devra être établi. Il comprendra les territoires habités par les populations indiscutablement polonaises. On lui assurera un libre et sûr accès à la mer ; son indépendance politique et économique ainsi que son intégrité territoriale seront garanties par un accord international.

La Société des Nations. — 14° Une association générale des nations sera instituée par des conventions spéciales conclues à cet effet. Celles-ci établiront un système de garanties mutuelles en faveur des nations, petites ou grandes indifféremment, en vue du maintien de leur indépendance et de leur intégrité territoriales.

Pour ces réparations essentielles du tort causé et dans ces affirmations du Droit, nous nous considérons comme intimement associés à tous les gouvernements et à tous les peuples qui se sont solidarisés contre l'Impérialisme. Nous ne pouvons séparer vos intérêts des leurs ; nous ne serons pas divisés sur la question des buts à atteindre. Nous resterons unis jusqu'au bout.

Un principe évident domine le programme que je viens d'esquisser. C'est le principe qui assure la justice à tous les peuples

à toutes les nationalités, qui proclame leur droit de vivre sur
pied d'égalité, dans la liberté et la sécurité, à côté des autres
nations, qu'ils soient forts ou faibles. Si ce principe n'en devient
pas le fondement, l'édifice de la justice internationale s'effondrera de toute part. Le peuple des Etats-Unis ne peut d'ailleurs
agir suivant un autre principe. A la défense de celui-ci, il est
prêt à consacrer sa vie, son honneur, tout ce qu'il possède.

Nous arrivons au point de vue moral, à l'heure décisive, à
la phase suprême de cette lutte pour la liberté humaine ; le
peuple des Etats-Unis soumet à cette épreuve sa force, son
plus noble idéal, sa droiture, son esprit de sacrifice.

Le parti socialiste national anglais, dont le chef est
M. Hyndmann, a publié un manifeste sur les buts de
la guerre et les termes de la paix, daté de Londres,
25 janvier 1918 :

Les buts de guerre sur lesquels tous les alliés peuvent se
mettre d'accord, sont :

1° L'émancipation des petites nationalités ;

2° La restauration de la Serbie, de la Belgique et de la Roumanie, ainsi que des autres territoires envahis avec compensations pour les dommages qu'ils ont subis ;

3° Retour de l'Alsace-Lorraine à la France comme la réparation d'un droit et d'une injustice condamnée par Marx,
Liebknecht et Bebel.

.*.

Après les différentes déclarations particulières des
gouvernements alliés, une conférence spéciale se réunit à Versailles, du 30 janvier au 2 février 1918, et
tint sept séances sous la présidence de M. Clemenceau.

Etaient présents à la Conférence :

Pour les Etats-Unis d'Amérique : général Bliss, général Pershing.

Pour la France : M. Clémenceau, M. Pichon, général Foch, général Pétain, général Weygand.

Pour la Grande-Bretagne : M. Lloyd George, lord Milner, général sir W. Robertson, field-marshal sir D. Haig, général sir H. Wilson.

Pour l'Italie : M. Orlando, baron Sonnino, général Alfieri, général Cadorna.

La déclaration collective suivante fut publiée :

Le Conseil supérieur de guerre a examiné avec le plus grand soin les déclarations récentes du chancelier allemand et du ministre des Affaires étrangères d'Autriche-Hongrie. Il lui a été impossible d'y trouver rien qui se rapproche des conditions modérées formulées par tous les gouvernements alliés. Cette conviction n'a pu être que fortifiée par l'impression que produit le contraste entre les fins prétendues idéalistes en vue desquelles les puissances centrales ont entamé les négociations de Brest-Litowsk, et les plans de conquête et de spoliation aujourd'hui mis à jour.

Dans ces conditions, le Conseil supérieur de guerre a jugé que son seul devoir immédiat était d'assurer la continuation, avec la dernière énergie et par la coopération la plus étroite et la plus efficace, de l'effort militaire des Alliés. Cet effort devra se poursuivre jusqu'à ce qu'il ait amené chez les gouvernements et chez les peuples ennemis, un changement de dispositions propres à donner l'espoir d'une paix conclue sur des bases n'impliquant pas l'abandon, devant un militarisme agressif et impénitent, de tous les principes que les Alliés sont résolus à faire triompher : principes de Liberté, de Justice et de Respect pour le Droit des Nations.

A ces différentes déclarations venues du camp des Alliés, le comte von Hertling, chancelier de l'empire allemand et le comte Czernin, ministre des Affaires Etrangères de l'empire austro-hongrois, répondirent le même jour, le 24 janvier 1918, le premier à Berlin, le second à Vienne.

Par son discours du 11 février 1918, au Congrès américain, le président Wilson répond à l'un et à l'autre :

Pour trancher toutes les questions balkaniques, dit-il, le comte von Hertling s'en remet, si je le comprends bien, à l'Autriche et à la Turquie, et c'est aux autorités turques elles-mêmes qu'il laisse le soin de régler le sort des populations non-turques de l'empire ottoman actuel. Une fois achevé le règlement général selon la précédente méthode, au moyen de trocs et de marchandages particuliers, il n'aurait plus d'objection, si j'interprète exactement ses déclarations, contre l'institution d'une ligue des nations qui s'appliquerait à maintenir le nouvel équilibre des puissances contre toute perturbation extérieure.

Il doit être évident, pour quiconque se rend compte des changements apportés par cette guerre dans l'opinion et dans les dispositions du monde entier, qu'on ne saurait obtenir par de tels procédés une paix générale, digne des infinis sacrifices qu'ont coûtés ces années de tragiques souffrances. La méthode que propose le chancelier allemand est celle du Congrès de Vienne. Nous ne pouvons pas, nous ne voulons pas y revenir. Le but de nos efforts aujourd'hui, c'est la paix du monde, c'est l'établissement d'un nouvel ordre international, fondé sur les principes larges et universels de la justice et du droit ; nous ne voulons pas d'une paix faite de pièces et de morceaux

Est-il possible que le Comte von Hertling ne voie point cela,
ne le saisisse pas, que vraiment sa pensée continue de vivre
dans un passé mort et révolu A-t-il complètement oublié les
résolutions votées par le Reichstag le 19 juillet ou bien les
ignore-t-il de propos délibéré? Elles parlaient des conditions
d'une paix générale, non point d'un agrandissement national
ou d'arrangements entre Etats particuliers. La paix du monde
dépend d'un juste règlement de chacun des problèmes que j'ai
signalés dans mon récent discours au Congrès. Evidemment je
ne veux pas dire que la paix du monde dépende de l'acceptation de telle série particulière de propositions relatives à la
manière d'aborder ces problèmes. Je veux dire seulement que
ces problèmes, tous sans exception, concernent le monde entier,
si on ne les traite dans un esprit de justice, sans égoïsme
et avec impartialité, en tenant compte des désirs des peuples,
des liens naturels, des aspirations de race, de tout ce qui peut
donner de la sécurité et du contentement aux esprits, jamais
on n'obtiendra de paix durable. On ne peut les discuter sépare-
ment ou en petit comité. Aucun d'eux ne concerne un intérêt
particulier qu'on ait le droit de soustraire à la juridiction de
l'opinion mondiale. Tout ce qui touche à la paix intéresse
l'humanité et rien de ce qui est réglé par la force militaire, si
le règlement est injuste, n'est vraiment réglé : la même question se poserait peu après à nouveau.

Le Comte von Hertling ne se rend-il pas compte qu'il parle
devant la barre de l'humanité, que toutes les nations du monde,
sorties de leur torpeur, siègent maintenant dans le tribunal
qui juge les déclarations de tout homme public, de tout peuple,
relatives aux fins d'un conflit qui s'est étendu à toutes les
régions de l'univers? Les résolutions du Reichstag de juillet
dernier elles-mêmes ont accepté nettement les décisions de cette
cour résumées dans la formule : pas d'annexions, pas de con-
tributions de guerre, pas de dommages infligés à titre de châ-
timents. Il ne doit plus être question de transférer les peuples
d'une puissance à une autre à la suite d'une simple conférence
internationale ou d'un accord entre rivaux et antagonistes. Les
aspirations nationales doivent être respectées ; désormais les
peuples ne doivent plus être dominés et gouvernés qu'avec
leur propre consentement.

La « libre dispositon de soi-même » (1) n'est pas une simple phrase. C'est un principe d'action impératif que dans l'avenir les hommes d'Etat n'ignoreront qu'à leur détriment. Nous ne pouvons obtenir une paix générale sur simple demande ou en nous contentant de provoquer une conférence de la paix. La paix générale ne peut être faite de pièces et de morceaux, en juxtaposant des arrangements particuliers conclus entre Etats puissants. Toutes les nations engagées dans cette guerre doivent régler ensemble toutes les questions qu'elle a posées, parce que nous recherchons une paix telle que nous puissions tous nous unir pour la garantir et la défendre, dont chaque clause soit soumise au jugement de tous pour qu'il déclare qu'elle est équitable et loyale, acte de justice et non pas marchandage entre souverains.

Cette guerre a eu pour cause profonde le mépris des droits des petits peuples et des nationalités qui manquaient de l'union et de la force nécessaires pour soutenir leur juste prétention à déterminer eux-mêmes leurs allégeances et les formes de leur vie politique. Des conventions doivent être maintenant conclues pour empêcher à tout jamais de pareils abus et il faut que le respect de ces conventions soit imposé par les forces réunies de toutes les nations qui aiment la justice et entendent la défendre à tout prix. Si les conditions territoriales et les relations politiques de populations importantes, mais dépourvues d'organisation et de force de résistance, doivent être déterminées par des arrangements entre les gouvernements puissants qui se considèrent comme les plus directement intéressés, ainsi que le propose le Comte von Hertling, pourquoi ne pourrait-on régler de la même façon les questions économiques? Dans le monde nouveau où nous vivons maintenant, il se trouve que les exigences de la justice, le respect des droits des peuples posent un problème international, intéressant tout l'univers, au même titre que l'obtention des matières premières et de justes et équitables conditions commerciales.

(1) Le texte anglais contient une expression très concise : « Self-determination », expression peu courante dans ce sens. M. Arthur Roy Leonard remarque que le Président Wilson crée une formule nouvelle pour parler du consentement des gouvernés et du droit qu'a chaque peuple de déterminer le régime sous lequel il désire vivre.

Le président Wilson pose ensuite, de la manière suivante, les principes à appliquer pour un échange de vues sur la paix :

1° Chaque partie du règlement final doit reposer sur ce qui est la véritable justice dans chaque cas particulier et sur les arrangements les plus propres selon toute vraisemblance à fonder une paix définitive ;

2° Les peuples et les provinces ne doivent plus être troquées entre les gouvernements comme des troupeaux ou des pions sur un échiquier, même quand il s'agit de ce grand échiquier à jamais discrédité qu'est l'équilibre des puissances ;

3 Tout au contraire, tout règlement territorial auquel cette guerre donnera lieu, doit être conclu dans l'intérêt et pour le plus grand profit des populations en cause, non pas comme simple clause d'arrangement ou de compromis entre les ambitions d'Etats rivaux ;

4° A toutes les aspirations nationales bien définies la plus large satisfaction devra être accordée ; on évitera d'introduire de nouveaux éléments de discorde et d'antagonisme ou de perpétuer ceux qui existaient et qui ne pourraient manquer de compromettre un jour la paix de l'Europe et par conséquent du monde.

. . . .

Rien ne domptera l'énergie que nous mettons au service de notre volonté d'indépendance et jamais nous ne consentirons à vivre dans un monde gouverné par la ruse et par la violence. Nous sommes convaincus que notre désir d'un nouvel ordre international où prévaudront la raison ,la justice, le souci des intérêts généraux de l'humanité, est le désir de tous les hommes éclairés en tout pays. Si cet ordre ne se réalisait pas, le monde ne connaîtrait plus la paix, l'homme ne pourrait vivre ni se développer dans un milieu tolérable. Après avoir entrepris la tâche d'établir cet ordre de choses nouveau, nous ne reviendrons pas en arrière.

Je crois inutile d'ajouter qu'aucun mot de ce qui précède ne doit être interprété comme une menace. Une menace ne serait pas dans le caractère de notre peuple. J'ai voulu seulement que le monde entier sût quel est le véritable esprit de l'Amérique, que par tout pays on pût se rendre compte que notre passion pour la justice, pour le principe du gouvernement des peuples par eux-mêmes, n'est pas affaire de mots : c'est une passion qui une fois éveillée doit être satisfaite. La puissance des Etats Unis ne menace aucune nation, aucun peuple. Elle ne servira jamais à aucune agression, à aucun accroissement que réclameraient nos intérêts égoïstes. Née de la liberté, elle reste au service de la liberté.

* * *

La Conférence socialiste interalliée du 23 février 1918, à Londres, vote les conditions de paix suivantes :

Chaque fois que des populations de même race et de même langue demandent à être réunies, il faut que cette réunion s'accomplisse. A ces populations pleine liberté doit être donnée pour assurer leur destinée propre, sans tenir compte des prétentions impérialistes de l'Autriche-Hongrie, de la Turquie et de tout autre Etat.

L'Arménie, la Mésopotamie, l'Arabie ne peuvent, en aucun cas, être soumises de nouveau à la tyrannie du sultan ou de ses pachas. Si les populations de ces territoires étaient incapables de déterminer leur propre destinée, elles devraient être administrées par une commission sous la direction de la Ligue des nations.

La victoire des Alliés doit être la victoire de la liberté des peuples, de l'unité, de l'indépendance et de l'autonomie des nations, dans la Fédération pacifique des Etats-Unis de l'Europe et du monde...

Memorandum des délégués des partis socialistes alliés et des représentants des nationalités, réunis à Londres, le 26 février 1918, sous la présidence de M. Albert Thomas :

Les délégués des partis socialistes alliés et les représentants des nationalités qui revendiquent leur indépendance, se sont réunis sous la présidence d'Albert Thomas, pour étudier les moyens d'organiser une action commune.

Voici les points principaux du memorandum rédigé à l'issue de cette séance :

1° Le droit des peuples de disposer librement d'eux-mêmes devra, lors du traité de paix, être la règle fondamentale de toutes les restitutions et réparations, ainsi que de tous les remaniements territoriaux que nécessite l'état de l'Europe ;

2° Dans l'effort d'émancipation des peuples en vue de fonder une Société des Nations, seule garantie d'une paix durable, le prolétariat socialiste ne saurait tenir compte des considérations par lesquelles on tente de défendre l'existence de certains empires comme l'Autriche, existence incompatible avec la réalisation dans leurs frontières du droit des peuples à disposer d'eux-mêmes. De même qu'à l'intérieur de la Société, une classe opprimée est une menace constante de bouleversement, la paix ne sera garantie en Europe que lorsque aucune nation ne sera plus esclave.

3° Les nations émancipées devront déterminer leur statut futur. Elles pourront se grouper, se fédérer, s'unir comme elles l'entendront, sous réserve de procédures régulières déterminées par une autorité supranationale. Cette même autorité définira la forme et les conditions dans lesquelles la volonté nationale devra s'exprimer. Le droit de décider l'adhésion à telle ou telle nationalité par suffrage doit être organisé. Des procédures internationales assureront la liberté et la sincérité du scrutin. Dans ce but, la consultation devra être précédée d'un ensemble de mesures destinées à éliminer toute pression administrative et politique, directe ou indirecte.

Dès maintenant, les délégués socialistes des partis soussignés estiment que ces consultations ne sauraient être conçues sur un mode uniforme et qu'il devrait être tenu compte des actes évidents par lesquels ces populations auront manifesté leurs espérances et leurs aspirations.

La suppression par la violence d'une partie de la population, comme cela s'est produit en Arménie et ailleurs, ou les oppressions subies par les Yougo-Slaves, les Roumains et les Italiens irredentes démontrent l'inanité d'un pur referendum arithmétique.

4° L'existence d'États nouveaux dont la constitution donnera satisfaction au principe des nationalités et à la libre volonté des peuples, fera disparaître les causes de guerre dues, dans le passé, à la domination d'une nation sur une autre. Ces États, capables de se développer économiquement et politiquement, d'une façon indépendante, auraient pu, étant d'une structure politique récente, créer dans l'ancienne Europe un nouveau péril de guerre, en raison des convoitises que leurs jeunes et faibles organismes politiques auraient été susceptibles d'éveiller chez leurs voisins, plus anciens et plus puissants. Leur protection sera assurée, non seulement par la Fédération à laquelle aboutiront, par la suite, leurs besoins réciproques, économiques ou politiques, mais aussi par la Société des nations, gardienne et protectrice des dernières venues dans le monde européen.

L'établissement d'un régime de droit international écartera tout prétexte de gar̃   s stratégiques et de groupements de contrainte que les États pouvaient, hier encore, rechercher en invoquant la nécessité de leur défense.

Après avoir solennellement proclamé leur accord sur ces principes essentiels, les délégués socialistes des partis soussignés décident de mener en commun, tant auprès de l'Internationale socialiste qu'auprès des différents gouvernements alliés ainsi qu'à la Conférence inter-gouvernementale de la paix, la lutte en vue d'obtenir la reconnaissance de ces principes.

Ils ne méconnaissent aucune des difficultés qu'ils pourront rencontrer dans leurs pays respectifs auprès de l'opinion publique, souvent mal informée de ses véritables intérêts. Afin d'avertir et d'éclairer cette opinion, ils décident de régler comme suit l'action commune :

Un secrétariat permanent sera établi à Paris, avec un membre de chaque nationalité. Des conférences des différents partis auront lieu chaque fois qu'il sera nécessaire de fixer les décisions communes. Ce secrétariat sera chargé de procéder à l'étude de toutes les questions qui pourront se poser entre nations. Il proposera aux conférences les procédures à suivre pour la constitution des nouveaux États ainsi que pour la détermination des moyens d'action nécessaires. Il décide, en outre, d'envoyer la présente déclaration aux camarades socialistes tchéco-slovaques, polonais et ruthènes, en demandant leur adhésion.

Le délégué du Parti du Travail roumain : Dᵉ Lupu.

Le Comitato Sindacale Italiano : Mantica.

Les délégués de la Unione Socialista Italiana : Canepa, Arca, Mantica, Silvestri, Gaetani, Sestan.

Les délégués de la Democrazia Sociale Irredente : Lazzarini, Schott, Semich, Sestan.

Le délégué du Parti Social-démocrat de Bosnie-Herzégovine : F. Markitch.

Les délégués du Comité du Parti socialiste Serbe en France : A. Pavlovitch, K. Novakovitch.

Le délégué du Syndicat général des ouvriers Serbes en France : K. Tchapla.

* *

Discours prononcé au Métropolitain-Opéra de New-York, le 27 septembre 1918, dans lequel le président Wilson énonce cinq principes qui doivent dominer les négociations en vue de la paix :

Nous avons accepté les problèmes que pose la guerre comme des réalités objectives. Et nous ne pouvons accepter aucun dénouement qui ne constituerait pas une franche et définitive solution de ces problèmes. Ces problèmes les voici :

Souffrira-t-on que la puissance militaire d'une nation quelconque ou d'un groupe de nations règle le sort des peuples sur lesquels elle n'a d'autre droit que celui de la force?

Les nations puissantes seront-elles laissées libres de léser les nations faibles, de les faire servir à leurs propres desseins, à leurs propres intérêts

Les peuples seront-ils gouvernés et régis, même quand il s'agit de politique intérieure, par une autorité arbitraire et irresponsable, ou selon leur volonté et leur libre choix?

Y aura-t-il une même règle fixant le droit et les libertés de tous les peuples, de toutes les nations, ou bien les plus forts auront-ils pouvoir d'agir à leur guise et les faibles souffriront-ils sans recours?

La défense du droit sera-t-elle abandonnée au hasard, au jeu des alliances fortuites, ou bien y aura-t-il une entente commune pour imposer le respect des droits communs?

Aucun homme, aucun groupe d'hommes n'a arbitrairement posé ces problèmes. *Ce sont* les problèmes posés par cette guerre. Il faut les trancher, non point par des arrangements, des compromis, des accommodements d'intérêt, mais définitivement, une fois pour toutes, en proclamant hautement et sans équivoque possible ce principe que l'intérêt du plus faible est sacré au même titre que l'intérêt du plus fort.

. . . .

Mais ces indications générales n'épuisent pas le sujet. Il faut leur adjoindre quelques détails pour qu'elles ressemblent moins à une dissertation académique et davantage à un programme d'action. Voici donc quelques précisions et je les formule avec d'autant plus de confiance que je puis déclarer officiellement qu'elles expriment la conception que le gouvernement de ce pays a de son devoir au sujet de la paix.

1° Il faut que l'impartiale justice qui sera dispensée ne distingue pas entre ceux envers qui nous avons envie d'être justes et ceux envers qui nous n'avons pas envie d'être justes. Il faut que cette justice ne connaisse pas de favoris, que sa seule règle soit celle de l'égal traitement des différents peuples intéressés;

2° Aucun intérêt spécial ou particulier d'une nation isolée ou d'un groupe de nations ne peut être la base d'aucune partie de l'arrangement final s'il ne peut s'accorder avec le commun intérêt de tous;

3° Il ne peut y avoir de ligues, d'alliances, de conventions ou d'ententes spéciales à l'intérieur de la vaste famille commune de la Ligue des Nations ;

4° Plus précisément encore il ne saurait y avoir de combinaisons économiques particulières égoïstes à l'intérieur de la Ligue, ni de recours à aucune forme de boycottage et d'exclusion économique, à moins que l'exclusion des marchés du monde ne soit une pénalité économique que la Ligue des Nations elle-même aurait droit d'infliger comme moyen disciplinaire et coercitif ;

5° Tous accords et traités de toute espèce entre nations doivent être portés à la connaissance du monde entier dans leur intégralité.

Les alliances particulières, les rivalités et les hostilités économiques ont été dans notre monde moderne la source intarissable des intrigues et des ressentiments qui engendrent la guerre. La paix ne serait ni sincère ni vraiment garantie si on ne les interdisait en termes nets et formels.

IV

LA FIN DE LA GUERRE

Les bases de la paix

Le vendredi 4 octobre 1918, le baron Romberg, ministre d'Allemagne à Berne, remit au chef du Département politique du Gouvernement fédéral Suisse, pour être transmise au président Wilson, la note suivante :

Le Gouvernement allemand prie le Président des Etats-Unis d'Amérique de prendre en main la cause de la paix, d'en informer tous les Etats belligérants et de les inviter à envoyer des plénipotentiaires pour ouvrir des négociations.

Le Gouvernement allemand prend pour base de ces négociations le programme élaboré dans le message adressé au Congrès le 8 janvier 1918 par le Président des Etats-Unis d'Amérique et dans ses déclarations ultérieures, en particulier dans le discours du 27 septembre 1918.

Pour éviter que l'effusion de sang ne continue, le Gouvernement allemand demande la conclusion immédiate d'un armistice général sur terre, sur mer et dans les airs.

MAX DE BADE.

Le 3 novembre 1918, l'armistice est signé avec l'Autriche-Hongrie, et, le 11 novembre 1918, avec l'Allemagne.

Le 18 janvier 1919, s'ouvre la Conférence des Préliminaires de la Paix.

Enfin, le 28 juin 1919, un Traité de Paix est signé avec l'Allemagne à Versailles. Le 10 septembre 1919, un autre Traité de Paix est signé avec l'Autriche, à Saint-Germain-en-Laye.

La Société des Nations

La Conférence de la Paix institue une SOCIÉTÉ DES NATIONS et adopte pour cela un Pacte qui fait partie intégrante des Traités et dont voici le préambule :

Les hautes parties contractantes,

Considérant que, pour développer la coopération entre les Nations et pour garantir la paix et la sûreté, il importe :

D'accepter certaines obligations de ne pas recourir à la guerre ;

D'entretenir au grand jour des relations internationales fondées sur la justice et l'honneur ;

D'observer rigoureusement les prescriptions du droit international, reconnues désormais comme règle de conduite effective des Gouvernements ;

De faire régner la justice et de respecter scrupuleusement toutes les obligations des Traités dans les rapports mutuels des peuples organisés ;

Adoptent le Pacte présent qui institue la Société des Nations.

Sont membres originaires de la *Société des Nations* :

ETATS-UNIS D'AMÉRIQUE.	HAITI.
BELGIQUE.	HÉDJAZ.
BOLIVIE.	HONDURAS.
BRÉSIL.	ITALIE.
EMPIRE BRITANNIQUE.	JAPON.
CANADA.	LIBÉRIA.
AUSTRALIE.	NICARAGUA.
AFRIQUE DU SUD.	PANAMA.
NOUVELLE-ZÉLANDE.	PÉROU.
INDE.	POLOGNE.
CHINE.	PORTUGAL.
CUBA.	ROUMANIE.
EQUATEUR.	ETAT SERBE-CROATE
FRANCE.	SIAM.
GRÈCE.	TCHÉCO-SLOVAQUIE.
GUATÉMALA.	URUGUAY.

Etats invités à accéder au Pacte :

ARGENTINE.	PAYS-BAS.
CHILI.	PERSE.
COLOMBIE.	SALVADOR.
DANEMARK.	SUÈDE.
ESPAGNE.	SUISSE.
NORVÈGE.	VÉNÉZUÉLA.
PARAGUAY.	

L'ARTICLE 22 DU PACTE

Les principes suivants s'appliquent aux colonies et territoires qui, à la suite de la guerre, ont cessé d'être sous la souveraineté des Etats qui les gouvernaient précédemment et qui sont habités par des peuples non encore capables de se diriger eux-mêmes dans les conditions particulièrement difficiles du monde moderne. Le bien-être et le développement de ces peuples forment une mission sacrée de civilisation, et il convient d'incorporer dans le présent Pacte des garanties pour l'accomplissement de cette mission.

La meilleure méthode de réaliser pratiquement ce principe est de confier la tutelle de ces peuples aux nations développées qui, en raison de leurs ressources, de leur expérience ou de leur position géographique, sont le mieux à même d'assumer cette responsabilité et qui consentent à l'accepter : elles exerceraient cette tutelle en qualité de mandataires et au nom de la Société des Nations.

Le caractère du mandat doit différer suivant le degré de développement du peuple, la situation du territoire, ses conditions économiques et toutes autres circonstances analogues.

Certaines communautés, qui appartenaient autrefois à l'empire ottoman, ont atteint un degré de développement tel que leur existence comme nations indépendantes peut être reconnue provisoirement, à la condition que les conseils et l'aide d'un mandataire, guident leur administration jusqu'au moment où elles seront capables de se conduire seules. Les vœux de ces communautés doivent être pris d'abord en considération pour le choix du mandataire.

Le degré de développement où se trouvent d'autres peuples, spécialement ceux de l'Afrique centrale, exige que le mandataire y assume l'administration du territoire à des conditions qui, avec la prohibition d'abus, tels que la traite des esclaves, le trafic des armes et celui de l'alcool, garantiront la liberté de conscience et celle de religion, sans autres limitations que celles que peut imposer le maintien de l'ordre public et des bonnes mœurs et l'interdiction d'établir des fortifications ou des bases militaires ou navales, et de donner aux indigènes une instruction militaire, si ce n'est pour la police ou la défense du territoire et qui assureront aux autres membres de la Société, des conditions d'égalité pour les échanges et le commerce.

Enfin il y a des territoires, tels que le Sud-Ouest

africain et certaines îles du Pacifique austral, qui par suite de la faible densité de leur population, de leur superficie restreinte, de leur éloignement des centres de civilisation, de leur contiguïté géographique au territoire du mandataire, ou d'autres circonstances, ne sauraient être mieux administrés que sous les lois du mandataire, comme une partie intégrante de son territoire, sous réserve des garanties prévues plus haut dans l'intérêt de la population indigène.

Dans tous les cas le Mandataire doit envoyer au Conseil un rapport annuel concernant les territoires dont il a la charge.

Si le degré d'autorité, de contrôle ou d'administration à exercer par le Mandataire n'a pas fait l'objet d'une convention antérieure entre les Membres de la Société, il sera expressément statué sur ce point par le Conseil.

Une Commission permanente sera chargée de recevoir et d'examiner les rapports annuels des mandataires et de donner au Conseil son avis sur toutes les questions relatives à l'exécution des mandats.

**

Si l'Amérique trompait l'attente du monde...

A son retour d'Europe, le président Wilson prononce à Boston, le 24 février 1919, un grand discours, où il dit :

Si, à cet instant, l'Amérique trompait l'attente du monde, qu'arriverait-il? Je ne dirai rien de désobligeant pour aucun peuple si je dis que l'Amérique est l'espoir du monde. Et si elle ne justifie pas cet espoir, les résultats seront incalculables.

Les hommes seront rejetés dans l'amertume du désappointement, et même dans l'amertume du désespoir. Toutes les nations recommenceront à se dresser les unes contre les autres comme des camps ennemis. Les hommes qui sont à la Conférence de la paix retourneront chez eux en laissant retomber leur tête sur leur poitrine, honteux de leur faillite, — car ils s'étaient engagés à ne pas rentrer chez eux sans avoir fait quelque chose de plus que de signer le traité de paix. Supposez que nous signions le traité de paix le plus satisfaisant que les éléments troublants du monde moderne puissent permettre, et que, rentrés chez nous, nous ne pensions plus qu'à nos travaux, nous saurons que nous n'avons rien écrit sur la table historique de Versailles, sur laquelle Vergennes et Benjamin Franklin ont inscrit leurs noms, rien qu'un banal chiffon de papier, sans que de grandes forces soient associées pour le faire valoir, sans qu'aucune assurance soit donnée aux peuples piétinés et épouvantés du monde pour leur garantir qu'ils seront saufs.

Quiconque estime que l'Amérique acceptera de donner au monde pareille déception ne connaît pas l'Amérique.

Représentez-vous le spectacle qu'offrirait le monde, représentez-vous le sombre découragement auquel il s'abandonnerait. On dirait : l'Amérique a fait faillite ; l'Amérique a fait une petite tentative inspirée par des sentiments généreux, puis elle a reculé ; elle a dit : « Nous sommes vos amis », mais il s'agissait d'un jour, non du lendemain ; elle a dit : « Voici notre puissance mise au service du droit menacé », et dès le jour suivant : « Que le droit se tire d'affaire comme il pourra, nous avons à prendre soin de nous-mêmes » ; elle a dit : « Nous avons allumé bien haut dans le ciel une lumière qui devait montrer aux hommes la voie vers la liberté, mais maintenant cette lumière éclaire plus bas, elle ne sert qu'à nous faire voir notre propre chemin ». Nous avons fait entrevoir au monde le grand idéal de la liberté, puis nous avons ajouté : « La liberté est un bien que chacun doit conquérir par lui-même, ne comptez pas sur nous ».

Et songez à tous ces peuples, que nous abandonnerions à leur destinée incertaine. Vous représentez-vous combien de nations nouvelles vont être édifiées en face des anciennes et puissantes nations de l'Europe et resteraient seules, sans aucun ami désintéressé, si nous les abandonnions ?

Les principes du Traité de Versailles

Le 7 octobre 1919, dans son rapport sur le traité de Versailles du 28 juin 1919, M. Léon Bourgeois fait les considérations suivantes, au nom de la Commission des affaires étrangères du Sénat français :

Enfin les idées de justice et de droit, pour lesquelles nous avons combattu et qui font, elles aussi partie du patrimoine national, sont-elles, par le traité, et non pas pour nous seulement, mais pour le monde, assurées de triompher dans l'avenir et de le préserver des retours de la force et de la barbarie.

La paix est un bienfait souhaité par tous les hommes, *mais il n'y a pas de paix véritable si elle n'est fondée sur le droit.*

Le jour où fut signé l'armistice du 11 novembre 1918, sur tous les points du monde, une même pensée se formula *dans tous les esprits : « le droit a triomphé ».*

Quel droit

Celui que la France a conçu et défini depuis la Révolution de 1789, que n'a cessé de développer l'effort de la démocratie française, celui qu'ont enseigné ses philosophes, qu'ont chanté ses grands poètes, celui pour lequel ses armées combattaient déjà, il y a plus d'un siècle, sur les Alpes et sur le Rhin et pour lequel elles ont encore, depuis, livré tant de batailles.

C'est la doctrine qui proclame que *les peuples ne sont pas des choses, qu'ils ont seuls le droit de disposer d'eux-mêmes. Il y a une nation quand il y a une âme commune entre les hommes d'une même terre,* une volonté de persévérer dans la vie collective qu'ont vécue leurs pères et qu'ils entendent à leur tour léguer à leurs enfants.

Mais il n'appartient pas à des chefs d'État de se prétendre maîtres du sort de leur peuple, et d'interpréter à leur gré la volonté de la nation. Il faut que les nations soient pourvues d'institutions représentatives qui permettent de les considérer comme responsables elles-mêmes des actes de leur gouvernement.

Quelle que soit la forme de ce gouvernement, c'est à la nation elle-même, par sa représentation libre et souveraine, qu'appartient le dernier mot. *Ce sont les peuples qui expient les fautes de leur histoire ; à eux seuls il appartient de régler leur destinée.*

Pour que l'indépendance et la sûreté de toutes les nations, petites ou grandes, mais égales en face du droit, soient garanties contre toute violence, il faut encore que, chez chacune d'elles, dans sa Constitution et sa vie intérieure, la règle de liberté et d'égalité sous le droit soit déjà reconnue et pratiquée.

La liberté et la paix au dedans sont les conditions de la paix et de la liberté au dehors.

L'ordre, s'il est autre chose qu'une tyrannie, doit être l'expression vivante de la justice elle-même. Il n'y a d'ordre vrai entre les hommes que si leurs consciences à tous se sentent, se savent soumises également, uniquement, aux règles du droit.

Le contrat, librement consenti et loyalement exécuté, est la base de toute paix dans la société des hommes ; le respect des traités est la base de toute paix dans celle des nations.

Si les peuples ont un droit égal de disposer d'eux-mêmes, *ils ont un devoir égal à respecter la volonté des autres peuples et la disposition que ceux-ci entendent faire de leur destinée, et cette obligation s'étend à l'indépendance économique de chaque nation, liberté aussi nécessaire que la liberté politique.*

Toute entreprise d'un État contre l'indépendance, politique ou économique, contre la souveraineté d'une nation, créant un trouble dans l'ordre nécessaire du monde, est une violation du droit.

S'il y a contestation entre deux États sur l'étendue de leurs droits, le principe général que nul ne peut se faire justice à soi-même est vrai entre les nations, comme dans la cité, entre les hommes.

Il doit y avoir une autorité impartiale, élevée au-dessus des contestants, une institution internationale chargée de dire où est le droit et d'en assurer le respect.

L'obligation de résoudre, par un règlement pacifique, les conflits internationaux est la loi première de la société humaine.

De même qu'à l'intérieur des États, l'organisation de la justice a contenu et réprimé dans une large mesure les puissances du mal, de même, cette organisation contribuera à arrêter l'action des puissances du mal entre les nations. La force ne disparaîtra jamais du monde. Mais les forces des États peuvent, comme celles de la nature elle-même, être captées et disciplinées ; au lieu d'être lancées les unes contre les autres, au hasard de tous les conflits, pour la destruction mutuelle, ne peut-on les associer pour le bien commun sous le joug de la justice?

Il faut faire de la force, la servante et la gardienne du droit.

Telles sont les idées qui ont, depuis la Révolution de 1789, malgré certains retours en arrière, presque toujours inspiré la politique de la démocratie française ; c'est vers elles qu'aux conférences de La Haye (*) a nettement orienté son action internationale ; ce sont ces mêmes idées dont elle espère aujourd'hui que la paix de 1919 assurera enfin la réalisation.

C'est bien le même droit des nations qu'avait en vue M. le Président Wilson, lorsqu'il adressait aux États belligérants le message historique du 8 janvier 1918 et auquel une adhésion unanime fut donnée par les Alliés et enfin par les Empires centraux eux-mêmes à l'heure de l'armistice. Reportons-nous aux quatorze propositions du message. Si l'on en dégage les dispositions spéciales qui s'appliquent à l'avance à la situation de tel ou tel des États, voici les principes essentiels qu'elles offrent à l'acceptation du monde.

Il faut que le sort de chacune des nations engagées dans la guerre, les limites de leurs territoires, les conditions de leur indépendance soient fixés sur la base du libre consentement des peuples eux-mêmes ; il faut que la paix soit conclue au grand jour et que les traités secrets soient définitivement abolis et interdits ; il faut que la liberté des transactions commerciales soit également garantie à toutes les nations ; il faut que les armements soient réduits à la limite strictement exigée par la sécurité intérieure.

Il faut que, dans les revendications coloniales, les intérêts des populations en jeu pèsent d'un même poids que les revendications équitables des gouvernements.

Enfin, si ces principes de droit sont reconnus dans le traité de paix imposé par les nations victorieuses, il faut qu'une organisation internationale, une Société des Nations soit instituée pour assurer l'application de ces principes et en garantir à jamais le respect et le développement.

On voit que, sur les principes généraux du droit nouveau comme sur les règles essentielles de ses applications, il y avait plein accord entre les propositions concrètes du Président des États-Unis d'Amérique et cette doctrine française dont nous avons retracé les grandes lignes.

Au sujet de la paix à établir avec la Turquie, M. Léon Bourgeois écrit :

Mais les négociations relatives au traité spécial entre les puissances alliées et associées et la Turquie n'étant pas encore achevées, aucun jugement ne peut être formulé jusqu'ici sur le régime futur des pays ottomans. La commission rappelle seulement au gouvernement avec quelle rigoureuse vigilance devront être considérées les raisons de décider, raisons de l'ordre intellectuel et moral, raisons d'humanité — pour assurer la protection des chrétiens d'Orient — raisons d'intérêt économique et financier. Elles doivent inspirer dans l'empire ottoman la politique des alliés et ne donner ouverture à aucune arrière-pensée de conquête.

CONCLUSIONS

DE LA DEUXIÈME PARTIE

LES PRINCIPES CONSACRÉS PAR LA GUERRE

Egalité des droits des Nations

Liberté, Egalité, Fraternité, non parmi les hommes, mais parmi les nations, disait M. Lloyd Georges, le 29 juin 1917, à Glasgow.

C'est la première aspiration des peuples durant ces cinq années de tragiques souffrances.

En 1915, M. Briand représentait la France debout, l'épée à la main, se battant pour la civilisation et *l'Indépendance des peuples.*

Après lui, M. Asquith et lord Grey, aspiraient à l'établissement de *la suprématie du Droit sur la force* et au libre développement de tous les Etats, grands et petits, qui constituent l'Humanité civilisée.

Le 30 décembre 1916, les Alliés proclamèrent solennellement la reconnaissance de *la libre existence des petits Etats* ; et en 1918 *le principe de liberté, de justice, et de respect pour toutes les nations.*

Le prix de la paix, disait de son côté, le Président Wilson, c'est la justice entière et impartiale — *justice en tous lieux et pour toute nation* — justice qui ne connaisse point de favoris... Il faut que la *Fraternité humaine* soit autre chose qu'une expression belle, mais creuse...

Il faut que le droit soit basé sur la force collective et non sur la for... individuelle des nations.

Et M. Wilson concluait le 8 janvier 1918 :

Si ce principe n'en devient pas le fondement, l'édifice international s'effondrera de toute part.

Le principe des Nationalités

Les nationalités ne sont pas toutes constituées en États, et leur individualité n'est pas toujours admise. Quelle est la valeur du principe dont elles se réclament ?

Par une note collective du 30 décembre 1916, les Alliés proclamèrent *le principe des Nationalités* et exigèrent sa reconnaissance. Dans une autre note du 10 janvier 1917, ils insistèrent sur *le respect des Nationalités*.

Le 27 décembre 1917, M. S. Pichon disait du haut de la tribune française :

La politique du droit des Nationalités est l'honneur de notre histoire et de nos traditions.

* *

Au point de vue pratique, le principe des Nationalités se traduit par le droit des peuples à disposer d'eux-mêmes. Ce droit, la révolution russe l'a mis en avant et tous les gouvernements alliés l'ont confirmé.

M. Lloyd George place, dans son discours du 5 janvier 1918, parmi les trois buts de la guerre, le *droit des nations à disposer d'elles-mêmes* ou le gouvernement par le consentement des gouvernés.

Désormais, déclare M. Wilson, les peuples ne doivent plus être gouvernés ou dominés que d'après leur propre consentement... C'est le *self-determination*, principe d'action impérative que les hommes d'Etat n'ignorent qu'à leur détriment.

M. Wilson précise sa pensée :

Ces problèmes, dit-il, si on ne les traite dans un esprit de justice, en tenant compte des *désirs des peuples*, des *liens naturels*, des *aspirations de race*, de tout ce qui peut donner la sécurité et le contentement aux esprits, jamais on n'obtiendra de paix durable.

Et il ajoute :

Les peuples et les provinces ne doivent plus être troqués entre les gouvernements, comme des troupeaux ou des pions sur un échiquier.

La paix ne peut être faite de pièces et de morceaux en juxtaposant des arrangements particuliers entre Etats puissants.

— *Acte de justice, dit-il, et non pas marchandage entre souverains !*

Le prix de la paix, disait de son côté, le Président Wilson, c'est la justice entière et impartiale — *justice en tous lieux et pour toute nation* — justice qui ne connaisse point de favoris... Il faut que la *Fraternité humaine* soit autre chose qu'une expression belle, mais creuse...

Il faut que le droit soit basé sur la force collective et non sur la force individuelle des nations.

Et M. Wilson concluait le 8 janvier 1918 :

Si ce principe n'en devient pas le fondement, l'édifice international s'effondrera de toute part.

Le principe des Nationalités

Les nationalités ne sont pas toutes constituées en États, et leur individualité n'est pas toujours admise. Quelle est la valeur du principe dont elles se réclament ?

Par une note collective du 30 décembre 1916, les Alliés proclamèrent *le principe des Nationalités* et exigèrent sa reconnaissance. Dans une autre note du 10 janvier 1917, ils insistèrent sur *le respect des Nationalités*.

Le 27 décembre 1917, M. S. Pichon disait du haut de la tribune française :

La politique du droit des Nationalités est l'honneur de notre histoire et de nos traditions.

*

Au point de vue pratique, le principe des Nationalités se traduit par le droit des peuples à disposer d'eux-mêmes. Ce droit, la révolution russe l'a mis en avant et tous les gouvernements alliés l'ont confirmé.

M. Lloyd George place, dans son discours du 5 janvier 1918, parmi les trois buts de la guerre, le *droit des nations à disposer d'elles-mêmes* ou le gouvernement par le consentement des gouvernés.

Désormais, déclare M. Wilson, les peuples ne doivent plus être gouvernés ou dominés que d'après leur propre consentement... C'est le *self-determination*, principe d'action impérative que les hommes d'État n'ignorent qu'à leur détriment.

M. Wilson précise sa pensée :

Ces problèmes, dit-il, si on ne les traite dans un esprit de justice, en tenant compte des *désirs des peuples*, des *liens naturels*, des *aspirations de race*, de tout ce qui peut donner la sécurité et le contentement aux esprits, jamais on n'obtiendra de paix durable.

Et il ajoute :

Les peuples et les provinces ne doivent plus être troqués entre les gouvernements, comme des troupeaux ou des pions sur un échiquier.

La paix ne peut être faite de pièces et de morceaux en juxtaposant des arrangements particuliers entre États puissants.

— *Acte de justice, dit-il, et non pas marchandage entre souverains !*

Quand et comment pourra s'exercer le droit des peuples à disposer d'eux-mêmes ?

— Indépendamment de leur *degré de civilisation* et de leur *position géographique*, disent les révolutionnaires russes.

— Pour leur liberté de *développement économique*, répond la note des Alliés du 10 juin 1917.

— Pour *conquérir* ou *recouvrer leur indépendance nationale*, reprend une note du gouvernement français, ou pour affirmer leur droit au *respect d'une ancienne civilisation*.

Et la France salue avec joie l'effort que poursuivent, sur différents points du monde, *les peuples encore engagés dans les liens d'une dépendance condamnée par l'histoire.*

Le gouvernement britannique, par sa note du 9 avril 1917, ajoute à ses premiers buts de guerre, celui de *libérer les populations opprimées par la tyrannie étrangère.*

Aucun peuple, conclut le Président Wilson, *ne peut être contraint de vivre sous une souveraineté qu'il répudie.*

Ces principes s'appliquent hors d'Europe

Ces nouveaux principes de droit sont-ils uniquement à appliquer en Europe ?

— Ce n'est pas l'Europe seulement, répond M. Balfour, dans son discours du 6 novembre 1917, aux Communes, ce n'est pas l'Europe seulement qui, dans cette réforme, entre en jeu. Il ne faut pas oublier que la guerre s'est étendue à une partie considérable de l'Asie.

— Hors d'Europe, affirme M. Lloyd Georges, le 5 janvier 1918, les mêmes principes doivent être appliqués — principes de raison et de justice — gouvernement par le consentement des gouvernés.

L'Arabie, poursuit M. Lloyd George, l'Arménie, la Mésopotamie, la Syrie et la Palestine, ont, d'après nous, le droit de voir reconnaître leur *existence nationale séparée*.

Déjà la note des Alliés du 10 janvier 1917, mettait, au nombre des buts généraux de la guerre, *l'affranchissement des populations soumises à la sanglante tyrannie des Turcs*.

Le 27 décembre 1917, lorsque M. S. Pichon proclamait le principe des Nationalités, il ajoutait :

Ce principe s'applique dans notre pensée aux populations *arméniennes, syriennes et libanaises*. Toutes doivent avoir la possibilité de fixer elles-mêmes leur propre sort.

Dans son message historique du 8 janvier, M. Wilson s'exprime ainsi :

On devra garantir aux nationalités soumises au joug turc une sécurité absolue d'existence et la pleine possibilité d'un développement autonome et sans entrave.

Dans son discours du 6 novembre 1917, M. Balfour considère comme *un devoir d'arracher au peuple turc, tous les peuples qui ne sont pas Turcs.* M. Balfour est certain qu'ils deviendront florissants s'il leur est donné un gouvernement et des lois propres.

Ainsi M. Clemenceau verra cette paix nette, dont il parlait le 10 décembre 1917, et qui ne laisse plus place aux revendications des peuples opprimés ; et aucune nation ne sera frustrée, suivant la promesse de M. Wilson.

L'attente de l'Orient

Dans l'un des reposoirs, sur le chemin de croix qui mène à l'émancipation de l'humanité, des populations se sont agenouillées dans le deuil, les larmes et le sang !...

Et du sein du tourbillon, des voix leur disaient (1) : *Chaque naissance est une agonie !... Un nouveau monde naît de l'agonie du vieux monde !*

Et ces populations entendirent, et se sentirent envahies par les douceurs indicibles de l'espérance !... Puis l'espérance ayant pris forme de réalité, dans

(1) Paroles de M. Lloyd George.

l'exaltation de leur angoisse, elles s'attachèrent à elle comme à l'irrévocable de la mort !

Parmi *les voix de l'humanité que le vent apportait, jaillissant des profondeurs des cœurs*, durant ces tragiques années de la guerre (1) on pouvait entendre, plus déchirantes que les autres, celles qui montaient du fond du Levant comme une clameur faite de râles et de sanglots.

Elle est enfin lasse de souffrir, cette humanité qui a gémi sous une oppression séculaire. elle aspire au repos définitif : ou dans la liberté ; ou dans la mort !

C'est la méconnaître que de la croire uniquement préoccupée de garantir l'existence de l'individu. Cette existence, ses fils y tiennent si peu qu'ils se sont librement voués eux-mêmes au martyre. Ce qu'ils veulent, c'est constituer une grande solidarité, par le sentiment des sacrifices qu'ils ont faits et de ceux qu'ils sont disposés à faire encore.

Les peuples civilisés se sont unis pour faire triompher la Justice, le Droit et l'Égalité parmi les nations. Les opprimés séculaires de l'Orient ont accueilli avec un frémissement dans l'âme cette Charte nouvelle de l'Humanité régénérée dans le sang, et y ont ajouté foi...

Sont-ils les dupes d'une crédulité naïve ?

Leur foi sera-t-elle satisfaite ?...

Dans la nuit, sur les horizons ternis de l'antique Éden, une lueur a lui !...

Est-ce l'aurore ?...

Est-ce le dernier reflet du flambeau qui s'éteint ?...

(1) Paroles de M. Wilson.

DERNIÈRES CONCLUSIONS

DERNIÈRES CONCLUSIONS

A toutes les aspirations nationales bien définies, la plus large satisfaction devra être accordée, déclarait M. Wilson dans son discours du 11 février 1918.

Il y a une nation, disait de son côté, M. Léon Bourgeois, dans son rapport sur le traité de Versailles, quand il y a une âme commune entre les hommes d'une même terre, une volonté de persévérer dans la vie collective qu'ont vécue leurs pères et qu'ils entendent, à leur tour, léguer à leurs enfants.

Il y a longtemps déjà, Ernest Renan avait défini la nation :

Une nation, dit-il, est une âme, un principe spirituel. Deux choses qui, à vrai dire, n'en font qu'une, constituent cette âme. ce principe spirituel. L'une est dans le passé, l'autre dans le présent. L'une est la possession en commun d'un riche legs de souvenirs, l'autre est le consentement actuel, le désir de vivre ensemble, la volonté de continuer à faire valoir l'héritage qu'on a reçu indivis.

L'homme ne s'improvise pas. La nation comme l'individu, est l'aboutissant d'un long passé d'efforts, de sacrifices et de dévouements.

13

Le culte des ancêtres est de tous, le plus légitime ; les ancêtres nous ont faits ce que nous sommes. Un passé héroïque, de grands hommes, de la gloire (j'entends de la véritable), voilà le capital social sur lequel on assied une idée nationale. Avoir des gloires communes dans le passé, une volonté commune dans le présent ; avoir fait de grandes choses ensemble, vouloir en faire encore, voilà les conditions essentielles pour être une nation.

Les régions arabes libérées ont-elles cette âme, cette volonté communes, et ces aspirations bien définies ? Réalisent-elles les conditions essentielles pour être une nation ?

Nous sommes les fils de glorieux ancêtres, chantaient en allant au supplice, les martyrs de la cause arabe. Ces régions, en effet, que M. Lloyd George le 29 juin 1917, qualifiait de berceau et temple de la civilisation, possèdent les souvenirs les plus augustes de l'humanité. L'âme *supérieure* et *complexe* que nous avons définie en commençant ces pages, l'âme sémite, l'âme arabe avait subi une éclipse, le long des siècles. Sa renaissance date du jour où le génie de Gutenberg s'associa à celui d'Idrici et d'Avicenne, quand un Libanais retira de la presse la première page d'arabe imprimée. C'est cette âme qui a repeuplé le Liban et la Syrie d'écoles ; c'est elle qui soufflait dans *le Clairon de Syrie* de Bostani, qui rendait frémissantes les strophes de Yazédji, qui agitait, de convulsions spasmodiques, la presqu'île arabique ; c'est elle qui s'indignait avec Al-Kaouakebi, qui bravait avec Al-Asly et Al-Mouayad, le nationalisme jeune-turc et faisait frémir, dans leurs fourreaux, les épées des officiers d'*Al-Ahd* ; c'est elle qui faisait parler et écrire Skandar Al-Azar à Beyrouth, Rafik Al-Azm au Caire, et qui chantait avec *Antar* à Paris.

C'est l'âme arabe qui faisait parler et agir le Grand Pontife de La Mecque, déjà marqué du doigt de la Des-

tinée pour être le promoteur de la grande Révolte ;
c'est elle qui menait les bataillons de Faïçal ibn ul-
Hussaïn vers la capitale des Omayades ; c'est elle qui
l'anime, qui commande et commandera toujours ses
actes.

C'est l'âme arabe qui inspira les martyrs de la Syrie
et de l'Irak, qui fit lumineuse leur vie, et sublime leur
mort !...

La cause qui a eu ses martyrs est une cause qui ne
peut périr. Ce qui est écrit avec le sang dans les annales
des peuples est ineffaçable ; l'empreinte en est indélé-
bile, sur le front du bourreau, comme sur la terre qui
en fut abreuvée !

Les régions arabes libérées ont plus que la volonté
et l'âme communes. Elles ont l'unité de race, l'unité
de langue, l'unité stratégique et économique, l'unité
historique et l'unité de législation. Elles possèdent donc
le droit sacré de s'organiser en *un* Etat ou en *plusieurs*
Etats, *libres* ou *confédérés*, comme le voudra la volonté
nationale. Elles entendent exercer ce droit, et seule la
force brutale est capable de les en empêcher.

M. Wilson a parlé un jour, des nations sorties de
leur torpeur et qui viennent siéger au tribunal de
l'humanité. Nous sommes une de ces nations qui
ouvrent les yeux après une léthargie séculaire. Nous
nous présentons à notre tour, à la barre de l'humanité,
avec nos droits et nos revendications.

Pour faire pencher, de notre côté, la Justice Internationale, nous jetons dans la balance nos trésors historiques, notre œuvre intellectuelle et morale, notre volonté de vie, nos angoisses, et le sang de nos martyrs.

ANNEXE

Textes officiels concernant

les Régions Arabes Libérées

DÉCLARATION FRANCO-ANGLAISE

(11 Novembre 1918)

Le gouvernement français, d'accord avec le gouvernement britannique, a décidé de faire la déclaration conjointe ci-dessous pour donner aux populations non turques des régions entre le Taurus et le golfe Persique, l'assurance que les deux pays, chacun en ce qui le concerne, entendent leur assurer la plus large autonomie afin de garantir leur affranchissement et le développement de leur civilisation.

« Le but qu'envisagent la France et la Grande-Bretagne en poursuivant en Orient la guerre déchaînée par l'ambition allemande, c'est l'affranchissement complet et définitif des peuples si longtemps opprimés par les Turcs et l'établissement de gouvernements et administrations nationaux puisant leur autorité dans l'initiative et le libre choix des populations indigènes. Pour donner suite à ces intentions, la France et la Grande-Bretagne sont d'accord pour encourager et aider à l'établissement de gouvernements et d'administrations indigènes en Syrie et en Mésopotamie actuellement libérées par les Alliés ou dans les territoires dont ils poursuivent la libération et pour reconnaître ceux-ci aussitôt qu'ils seront effectivement établis. Loin de vouloir imposer aux populations de ces régions telles ou telles institutions, elles n'ont d'autre souci que d'assurer par leur appui et par une assistance efficace le fonctionnement normal des gouvernements et administrations qu'elles se seront librement donnés. Assurer une justice impartiale et égale pour tous, faciliter le développement économique du pays en suscitant et en encourageant les initiatives locales, favoriser la diffusion de l'instruction, mettre fin aux divisions trop longtemps exploitées par la politique turque, tel est le rôle que les deux gouvernements alliés revendiquent dans les territoires libérés. »

*
* *

Les régions visées comprenaient, sous le régime turc, les vilayets ou provinces suivants : Bassora, Bagdad, Mossoul, pour la Mésopotamie ; Adana, Alep, Syrie (chef-lieu Damas) ; Beyrouth, le sandjak de Zor, de Jérusalem, et le Liban autonome

Le vilayet de Bassora a, d'après la dernière statistique officielle turque, une superficie de 138.800 kilomètres carrés, 3 sandjaks, 8 cazas, 34 nahiés, 357 carriés, avec une population de 1.150.000 habitants.

Bagdad a 140.000 kilomètres carrés, 5 sandjaks, 17 nahiés, 308 carriés, avec une population de 455.706 habitants.

Mossoul, 120.923 kilomètres carrés, 2 sandjaks, 14 cazas, 35 nahiés, 3.860 carriés et 236.094 habitants.

Alep, 78.000 kilomètres carrés, 4 sandjaks, 17 cazas, 50 nahiés, 3.012 carriés et 789.789 habitants.

Syrie, 97.685 kilomètres carrés, 4 sandjaks, 21 cazas, 35 nahiés, 1.368 carriés et 883.680 habitants.

Beyrouth a 24.750 kilomètres carrés, 4 sandjaks, 15 cazas, 44 nahiés, 2.780 carriés et 727.448 habitants.

Le sandjak de Zor a 100.000 kilomètres carrés, 3 cazas, 5 nahiés, 148 carriés et 81.464 habitants.

Celui de Jérusalem a 21.300 kilomètres carrés, 4 cazas, 14 nahiés, 343 carriés et 382.061 habitants.

Le Liban autonome a 3.000 kilomètres carrés, 6 cazas, 41 nahiés et 930 carriés. Sa population, au Liban même, est de 400.000 âmes et à l'étranger 250.000, soit un total de 650.000 habitants.

PROCLAMATION DU GÉNÉRAL MAUDE

(19 Mars 1917)

Aux habitants du vilayet de Bagdad

Au nom de mon roi et au nom des peuples sur lesquels il règne, je vous dis ce qui suit :

Nos opérations militaires ont pour objet la défaite de l'ennemi et son expulsion de ce territoire. Pour accomplir cette tâche, je suis investi du contrôle absolu et suprême de toutes les régions dans lesquelles opèrent les troupes britanniques ; mais nos soldats ne viennent pas dans vos villes et dans vos campagnes, en conquérants ou en ennemis, mais en libérateurs.

Depuis le temps d'Oulagou, votre ville et votre pays ont été soumis à la tyrannie des étrangers, vos palais sont tombés en ruines, vos jardins se sont dégradés et vos pères comme vous-mêmes, ont gémi dans l'esclavage. Vos fils ont été enlevés pour faire des guerres qui ne sont pas les vôtres, votre richesse vous a été arrachée par des hommes injustes, et gaspillée dans des pays éloignés.

Depuis les jours de Midhat, les Turcs ont parlé de réformes. Cependant les ruines et la désolation d'aujourd'hui ne témoignent-elles pas de la vanité de ces promesses ?

C'est le souhait, non seulement de mon roi et de ses peuples, mais c'est aussi le souhait des grandes nations avec lesquelles nous sommes alliés, que vous prospériez aussi bien que dans le passé, à l'époque où vos terres étaient fertiles, où vos ancêtres donnaient au monde la littérature, la science et l'art, et où la ville de Bagdad était une des merveilles de l'univers.

Entre vos peuples et les domaines de mon roi, il y a des liens étroits d'intérêt. Pendant deux cents années les marchands de Bagdad et ceux de Grande-Bretagne ont commercé à leur avantage réciproque et en grande amitié. D'autre part, les Allemands et les Turcs vous ont dépouillés, et depuis vingt ans, ils ont fait de Bagdad un centre où ils s'organisaient pour attaquer la puissance de l'Angleterre et de ses alliés en Perse et en Arabie. C'est pourquoi le gouvernement britannique ne peut rester indifférent en présence de ce qui se passe dans votre pays, ni maintenant, ni dans l'avenir. Car dans son devoir de défendre les intérêts du peuple britannique et de ses alliés, le gouvernement anglais ne peut pas risquer que ce que les Turcs et les Allemands ont fait à Bagdad pendant la guerre se fasse de nouveau dans l'avenir.

Mais vous, gens de Bagdad, dont la prospérité commerciale et dont la sécurité contre l'oppression et l'invasion doit être toujours l'objet de l'attention la plus étroite du gouvernement britannique, devez bien com-

prendre que ce n'est pas le désir de ce gouvernement
de vous imposer des institutions étrangères. L'espoir
du gouvernement britannique est que les aspirations
de vos philosophes et écrivains seront réalisés et que,
de nouveau, le peuple de Bagdad florira, jouissant de
ses richesses, sous des institutions conformes à ses lois
sacrées et à l'idéal de sa race. Dans le Hedjaz, les
Arabes ont expulsé les Turcs et les Allemands qui les
opprimaient, et proclamé le chérif Hussein leur roi,
et Sa Seigneurie règne indépendante et libre. Elle est
l'alliée des nations qui combattent contre la puissance
de la Turquie et de l'Allemagne ; il en est de même des
nobles Arabes, les seigneurs de Koueit, du Nedjed et
de l'Assir.

Beaucoup de nobles Arabes ont péri pour la cause
de la liberté arabe sous les coups de ces maîtres étrangers, les Turcs, qui les opprimaient. C'est la détermination du gouvernement de la Grande-Bretagne et
des grandes puissances, ses alliées, que ces nobles Arabes n'aient pas souffert en vain. C'est l'espoir et le
désir du peuple britannique et des nations qui sont
avec lui en alliance, que la race arabe puisse retrouver
la grandeur et la renommée qu'elle avait parmi les
peuples de la terre et que, dans ce but, elle s'unira
dans la concorde.

Oh ! peuple de Bagdad, rappelez-vous que pendant
vingt-six générations, vous avez souffert sous des tyrans étrangers qui ont toujours travaillé à susciter une
maison arabe contre l'autre de manière à profiter de
de vos dissensions. Cette politique est en horreur à la
Grande-Bretagne et à ses alliés, car il ne peut y avoir
ni paix ni prospérité là où il y a inimitié et mauvais
gouvernement. Aussi j'ai ordre de vous inviter par
l'intermédiaire de vos notables, de vos anciens et de
vos représentants à participer à la gestion de vos affaires civiles en collaboration avec les représentants

politiques de la Grande-Bretagne qui accompagnent l'armée britannique, de manière à ce que vous soyez unis à vos frères du Nord, de l'Est, du Sud et de l'Ouest en réalisant les aspirations de votre race.

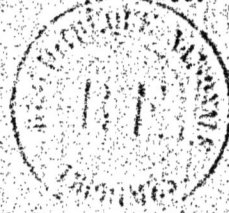

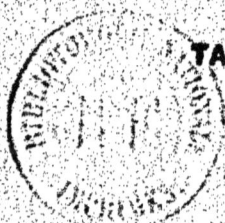

TABLE DES DÉCLARATIONS

M. A. Briand, 3 novembre 1915...................... 123
Manifeste socialiste de Zimmerwald, 12 novembre 1915.. 124
Lord Grey, 23 octobre 1916....................... 124
M. de Bethmann-Hollweg, 9 novembre 1916.......... 125
Empires Centraux, 12 décembre 1916............... 125
Réponse des Alliés, 30 décembre 1916. 126
M. Wilson, 18 décembre 1916..................... 127
Note collective des Alliés, 10 janvier 1917 128
M. Wilson, 22 janvier 1917...................... 129
M. Wilson, 5 mars 1917......................... 131
M. Milioukoff, 17 mars 1917..................... 133
M. Milioukoff, 9 avril 1917...................... 134
Gouvernement provisoire russe, 9 avril 1917......... 134
Gouvernement provisoire russe, 18 mai 1917......... 134
Lord Robert Cecil, 16 mai 1917................... 135
M. Asquith, 16 mai 1917........................ 135
M. Ribot, 22 mai 1917.......................... 136
Chambre des Députés (France), 5 juin 1917.......... 137
Sénat français, 6 juin 1917....................... 137

M. Wilson, 26 mai 1917................................ 138
Gouvernement britannique, 12 juin 1917.............. 139
Gouvernement français, 12 juin 1917................. 140
M. Lloyd George, 29 juin 1917....................... 140
M. Painlevé, 18 septembre 1917...................... 142
M. Balfour, 6 novembre 1917......................... 143
Les Bolcheviks, 10 décembre 1917.................... 145
L'Isvestia, 22 décembre 1917........................ 146
M. Wilson, 4 décembre 1917.......................... 147
Sir Edward Curzon 148
M. Clemenceau, 10 décembre 1917..................... 148
Confédération Générale du Travail, 25 décembre 1917. 149
M. Stephen Pichon, 25 décembre 1917................. 149
M. Lloyd George, 5 janvier 1918..................... 150
M. Wilson, 8 janvier 1918........................... 151
Parti socialiste national anglais, 25 janvier 1918...... 156
Conseil supérieur de la Guerre, 2 février 1918........ 156
M. Wilson, 11 février 1918.......................... 158
Conférence socialiste interalliée, 23 février 1918...... 162
Les délégués des partis socialistes alliés, 16 février 1918. 162
M. Wilson, 27 décembre 1918......................... 165
Max de Bade, 4 octobre 1918......................... 169
M. Wilson, 24 février 1919.......................... 173
M. Léon Bourgeois, 7 octobre 1919................... 175

TABLE DES MATIÈRES

LETTRE OUVERTE A LA SOCIÉTÉ DES NATIONS.

PREMIÈRE PARTIE

L'AME ARABE

LA RENAISSANCE.

    I. — Les premiers Facteurs.................... 19
    II. — La Syrie et l'Arabie.................... 23
    III. — Les Précurseurs.................... 25

LE CONTRE-COUP DE LA RÉVOLUTION TURQUE.

    I. — Députés Turcs et Arabes.
        Le Chérif Hussaïn.................... 31
    II. — Les Comités. — *Al-Ahd*.................... 34
        Le Comité des Réformes.................... 39
        Le Parti de la Décentralisation.... 41
    III. — Le Mouvement Arabe à Paris.......... 43
    IV. — Le Congrès Arabe 47

LE LIBAN.

    I. — La Vie Politique du Liban.
        Son Particularisme 59
    II. — Les Comités et leurs Directives 63
    III. — Les Revendications Politiques 71

LE TESTAMENT DES MARTYRS.

    Le Drame. — Premières arrestations,... 79
        Premières Exécutions de Beyrouth 80
        Les Exécutions au Liban. ...,... 82
        Le Liban Affamé............,... 83
        Les Exécutions dans l'Irak 85
        Les Atrocités à Médine........... 86
        Nouvelles Exécutions à Damas et à
            Beyrouth ....-.... 86

LA REVOLTE.

    I. — Les Négociations 95
    II. — Les Opérations Militaires............,.. 99
    III. — L'Armistice en Orient................ 104
    IV. — Les Commentaires de la Presse........ 107
    V. — Les Aspirations des Volontaires........ 110

PREMIÈRES CONCLUSIONS.

DEUXIÈME PARTIE

LES BUTS DE LA GUERRE

I. PREMIÈRE PÉRIODE.

    Premières Déclarations 123
    La Proposition de Paix allemande....... 125
    La Première proposition de Wilson.... 127
    L'Entrée en Guerre de l'Amérique..... 131

II. LA RÉVOLUTION RUSSE. 133

III. La Paix de Brest-Litovsk............... 145

Les Points fondamentaux de la Paix.... 151
Les Quatorze Conditions............. 153

IV. LA FIN DE LA GUERRE.

Les Bases de la Paix............... 169
L'article 22 du Pacte............... 171
Si l'Amérique trompait l'attente du monde 173
Les Principes du Traité de Versailles... 173

CONCLUSIONS DE LA II⁰ PARTIE.

Les principes consacrés par la guerre.
Egalité des droits des Nations..... 183
Le Principe des Nationalités...... 184
Ces principes s'appliquent hors
d'Europe 187
L'attente de l'Orient............ 188

DERNIÈRES CONCLUSIONS.

ANNEXE

Déclaration Franco-Anglaise................. 201
Proclamation du général Maude à Bagdad........... 205

TABLE DES DÉCLARATIONS.. 209

TABLE DES MATIÈRES